Katharina Ley
Geschwisterbande

Katharina Ley

# Geschwisterbande

## Liebe, Haß und Solidarität

Walter Verlag

Die Deutsche Bibliothek – CIP-Einheitsaufnahme
**Ley, Katharina:**
Geschwisterbande: Liebe, Haß und Solidarität / Katharina Ley. –
Düsseldorf; Zürich: Walter, 2001
ISBN 3-530-40123-4


© 2001 Patmos Verlag GmbH & Co. KG
Walter Verlag, Düsseldorf und Zürich
Alle Rechte, einschließlich derjenigen des auszugsweisen
Abdrucks sowie der fotomechanischen und elektronischen
Wiedergabe, vorbehalten.
Umschlaggestaltung: Groothuis & Consorten, Hamburg
Satz: Fotosatz Moers, Mönchengladbach
Druck und Bindung: Pustet, Regensburg
ISBN 3-530-40123-4

*Für Geri*

*Der kollektive Verlust von Geschwistern bedeutet letztlich
das Ende einer Kultur.*
  Horst Petri


*Aber was so unverstanden geblieben ist, das kommt wieder;
es ruht nicht, wie ein unerlöster Geist, bis es zur Lösung und
Erlösung gekommen ist.*
  Sigmund Freud

# Inhalt

# Dank

In dieses Buch flossen unzählige Gedanken und Gefühle anderer Menschen mit ein. In den vielen Wochen und Monaten, in denen ich an meinem Schreibtisch nachdachte und schrieb, war ich nicht eigentlich allein, sondern fühlte gleichsam gegenwärtig alle jene geschwisterlich Verbündeten, die dazu beigetragen haben, meine Ideen weiterzuentwickeln. Es sind Menschen, die das Entstehen dieses Buches aus der Nähe mitverfolgt haben, und es sind jene, die gar nicht wissen, in welchem Ausmaß sie mein Fühlen und Denken geprägt haben.

Mein Dank gilt den Frauen und Männern, die ihre Lebenswelt, ihre Gedanken und Gefühle mit mir geteilt haben. Ihre Bereitschaft zum Dialog über ihr eigenes Leben und über das, was wir in den Analyse- und Therapiestunden miteinander erlebt haben, waren mir eine unerschöpfliche Quelle der Inspiration und des Staunens, der Freude und der Dankbarkeit. Diese Gefühle machten bei weitem jene längeren oder kürzeren Durststrecken und dunklen Momente wett, die zu jedem intensiven Gespräch und zu jeder Psychotherapie und Psychoanalyse unabdingbar dazugehören. Meine Suche nach dem spezifisch Geschwisterlichen in diesen Gesprächen hat mich durch alle diese Zeit beflügelt. Manchmal schien es mir greifbar nahe, doch meistens tappte ich lange Zeit im dunkeln.

Neben den Dialogen in der Praxis führe ich Geschwister-Selbsterfahrungsgruppen, Geschwistertherapien, Supervisionen und Teamberatungen durch. Dort habe ich immer wieder die große Sehnsucht nach geschwisterlicher Nähe, nach Liebe, Anerkennung und Gleichwertigkeit hautnah miterlebt, aber auch das Leiden, wenn Haß, Mißgunst oder auch zu große Liebe die geschwisterlichen Beziehungen belasten. Im gemeinsamen Durcharbeiten solcher Konflikte, Anfechtungen und Schwierigkeiten wurde mein »geschwisterlicher Funke« immer wieder angefacht. Vieles aus den therapeutischen Gesprächen und aus dem Gruppengeschehen ist implizit, zwischen den Zeilen, in dieses Buch eingeflossen. Anderes liegt in Form von Passagen aus Lebens- und Geschwistergeschichten vor. Ihnen allen, deren Erleben dieses Buch bereichert, bin ich in Dankbarkeit verpflichtet. Ich habe Namen und Umstände so weit verändert, daß in jedem Fall die Privatsphäre geschützt bleibt.

Eine wichtige Quelle der Inspiration ist mein eigenes Erleben mit meinen beiden Geschwistern. Unser Dreieck ist das längstdauernde und eindrücklichste unter meinen Beziehungen dieser Art. Mein Sohn und meine Tochter lassen mich aus einer anderen Perspektive, jener der Mutter, am geschwisterlichen Erleben teilhaben. Mein ursprüngliches geschwisterliches Dreieck hat sich im Verlauf meines Lebens in immer neuen und bereichernden Erfahrungen vervielfältigt. Ich denke an mehrere langjährige Tätigkeiten in Forschungsteams, in denen immer wieder drei Schwestern oder auch zwei Schwestern und ein Bruder um soziologische und später psychoanalytische Erkenntnis und um gegenseitiges Verständnis rangen. In diesen Forschungsteams haben sich Liebe und Haß, Abgrenzung und Solidarität immer wieder neu konstelliert. Ein gruppenanalytisches Dreieck mit einem Bruder und einer Schwester, das nach solidarischen Jahren in die Brüche ging, hat mich mit den Schattenseiten des Ausscherens eines einzelnen aus der Geschwisterbande schmerzlich konfrontiert.

In meinen Freundschaften wechseln sich Dyaden mit Triaden ab. Immer wieder haben sich auf wundersame Weise Freundschaften unter drei »Geschwistern« ergeben, die mich durchs Leben begleiteten und mich immer wieder zum Staunen brachten. In unserer aktuellen Praxisgemeinschaft sind es zwei Schwestern, mit denen ich den beruflichen Alltag teile und über geschwisterliches Erleben diskutiere. Im südfranzösischen Dorf, in dem ich meine freien Wochen verbringe, sind es zwei Weinbäuerinnen, denen ich viele Erfahrungen darüber verdanke, wie in räumlich enger Nachbarschaft mit Unterschieden und Vergleichen, mit Neid und Großzügigkeit umgegangen werden kann.

Ich danke meinen Freundinnen und Freunden, Kollegen und Kolleginnen, die neugierig, skeptisch, interessiert oder auch streitlustig meine Auseinandersetzung mit dem Phänomen des Geschwisterlichen begleitet haben. Sie waren mir alle auf ihre Art wichtig. Auch ihre Verwunderung, daß ich schon so lange an der Thematik arbeite, als sei sie unerschöpflich, kann ich nachempfinden. Ich schätzte ihre Unterstützung in meinem besonderen Ansatz, und ich war glücklich, wenn mir jemand ein Erlebnis erzählte, in dem der rundum schweifende Blick, die verschwörerische Verständigung oder die Möglichkeit von Gleichwertigkeit und Solidarität im Geschwisterkreis und darüber hinaus wirksam wurden. In solchen Augenblicken erkannte ich das Geschwisterliche als Beziehungsprinzip und als Gestaltungsmöglichkeit von Solidarität.

Ich danke Frau Mathilde Fischer, meiner Lektorin, die mich zu diesem Buch anregte und mich während meiner Arbeit ermunterte.

Zwei weitere Prägungen sind mir wesentlich: In meinen Liebesbeziehungen habe ich eine ganze Menge über das Geschwisterliche erfahren, und vor allem auch gelernt. Ich danke meinem Lebensgefährten für die kritische Schärfung meines Blickes für die Thematik in der Beziehung und für die Verbindung zu Südafrika, einem Land, in dem Haß wie auch Liebe und Solidarität auf eine einzigartige, faszinierende und überaus lehrreiche Weise nebeneinanderstehen. Die afrikanischen Fabeln und Beispiele bilden einen wesentlichen Teil dieses Buches.

Meine Auseinandersetzung mit Zen in Meditation, Lektüre und Diskussion ist Teil meines Lebens. Im Umgang mit meinen Schwestern und Brüdern habe ich viel über Liebe, Haß und Solidarität erfahren. Psychotherapie versucht das Selbst zu gestalten und zu stärken, während es im Zen um die Überwindung und Auflösung dieses Selbst geht. Doch das Selbst kann erst dann immer wieder überwunden werden, wenn es existiert. So ergänzen sich nach meiner Erfahrung Zen und Psychotherapie auf eine fruchtbare Weise. Zudem hat meine Begegnung mit Zen meine geschwisterlichen Gefühle warmer Mitmenschlichkeit und Versöhnlichkeit vertieft.

Aus diesem Empfinden heraus danke ich allen nahen und fernen Mitmenschen, die mich durch Begegnungen und durch ihre schriftlichen Zeugnisse in meiner Arbeit und meinem Leben beglückt, geärgert und immer auch inspiriert haben. In allem zeigen sie mir das Lebenswerte und Gestaltungswürdige dieses Lebens.

# Einleitung

Wie nie zuvor haben wir heute den Anspruch eines eigenen unverwechselbaren Lebens. Es beginnt im familiären Kreis und setzt sich in vielen weiteren und ausladenden Kreisen fort. Als soziale Wesen brauchen wir Beziehungen und Gemeinschaften, wir prägen sie, und wir werden davon geprägt. Davon handelt dieses Buch im umfassenden Sinn. Es legt Zeugnis ab vom Geschwisterlichen, das in der Familie beginnt und sich ein Leben lang auch jenseits der Familie fortsetzt.

Geschwisterbeziehungen oszillieren zwischen Liebe und Haß, Lust und Schmerz, Großzügigkeit und Neid und Eifersucht, Angst und Vertrauen, Solidarität und Rivalität, um einige der intensiven Gefühle zu nennen, die unabdingbar zum geschwisterlichen Erleben gehören. Der Umgang mit diesen Gefühlen findet seine Prägung und Gestalt im Kindesalter. Im Erleben und Gestalten dieser ersten Liebesbeziehungen entwickeln sich sowohl Individualität und Selbstsein als auch Gemeinschaftssinn und Bindungsvermögen.

Schon in der frühen Kindheit finden wir neben den Geschwistern die Gleichaltrigen, die Geschwister im erweiterten Sinn. In unserer zunehmenden Einzelkinder-Gesellschaft werden die Gleichaltrigen immer wichtiger. Später kommen neben den Geschwistern die Freunde und Freundinnen, LiebespartnerInnen und ArbeitskollegInnen dazu. In alle diese Beziehungen fließen die Kräfte ein, die liebe- und haßvoll, neidisch und solidarisch immer neu unsere Beziehungen und unser Leben prägen.

Wir gehen in diesen Beziehungen von einer tiefen menschlichen Sehnsucht nach Liebe und Begegnung aus.

Das geschwisterliche Erleben bildet ein wichtiges, lebenslang dauerndes Übungsfeld zur Ausgestaltung dieser Sehnsucht. In diesem Buch geht es um das, was dieses Geschwisterliche ausmacht, um das Leben und Gestalten des Geschwisterlichen über die ganze Lebensspanne hinweg, von der Kindheit bis ins Alter, und um die Befreiung des Geschwisterlichen von den familiären Prägungen und der Öffnung hin auf das gemeinschaftliche Feld.

Ein besonderes Augenmerk richtet sich auf die Ebenbürtigkeit und Gleichwertigkeit in Beziehungen, auf das Erleben und Gestalten von Zusammengehörigkeit und Solidarität. Dabei bedürfen alle Kräfte, die dies fördern, und alle jene, die dem entgegenwirken, der sorgfältigen Beachtung. Wie entsteht Solidarität? Was stellt sich dem entgegen?

Die fördernden und hemmenden Kräfte werden an vielen Beispielen ausführlich geschildert. In immer neuen Zugängen aus dem Leben, aus der Therapie und aus Zeugnissen der Kultur wird herausgearbeitet, wie Ebenbürtigkeit und Gleichwertigkeit, Gemeinschaft und Solidarität entstehen können.

Erinnerungen an Gewalt, Haß, Entwertung, Mißbrauch und Isolierung können die Wurzeln dieser hemmenden Kräfte sein. Auch Scham- und Schuldgefühle. Solche unverarbeiteten Erinnerungen lassen die Betroffenen Opfer bleiben und in der Sichtweise des Kindes verharren, das dies alles erlitten hat. Es sind Erinnerungen an Erlebnisse, die Wunden schlugen und die Tiefe dieser Gefühle erleben ließen. Wie wir aus unserer therapeutischen Erfahrung wissen, können solche Erinnerungen im Wiedererzählen und im Phantasieren verändert werden.

Opfer sein ist zugleich persönliches Trauma *und* universelles Thema. In der Welt der Fabeln und Mythen, der Kunst und Literatur lassen sich Bilder und Symbole erschließen, die das traumatische Erleben verwandeln können. Solchermaßen gewandelte Erinnerungen können dann ins eigene Leben integriert werden.

*Traumazeit – Traumzeit.* Geschwistererleben ist beides, reicht vom einen zum anderen, ist tatsächlich Erlebtes und Seelenbild. Jedes Schreckensbild rührt an die Geheimnisse der Seele und ihrer Bilder. Doch zu jedem Schreckensbild gibt es in der Phantasie ein Gegenbild. Phantasien gestalten unsere Erinnerungen und unsere Beziehungen. Den geschwisterlichen Phantasien gilt hier unsere Aufmerksamkeit. Wenn sie in immer gleichen Erinnerungen gefesselt sind, verunmöglichen sie das Weiterschweifen und das Ausprobieren neuer Beziehungen. Diese blockierten Phantasien gilt es wieder in Zirkulation zu setzen, indem wir neue Bilder zu entwerfen suchen und uns mit ihnen auseinandersetzen. So entstehen neue Wünsche und Vorstellungen – und letztlich auch sich entwickelnde und verändernde Beziehungen. Diese Prozesse der Auflösung und Befreiung können sehr viel Zeit und Energien in Anspruch nehmen. Daß sie gewagt werden, hat mit einem tiefen Wunsch nach Selbstverwirklichung, Begegnung, Liebe und Glück zu tun; auch in Geschwisterbeziehungen.

Dieses Buch zeigt auf, wie sich solche Beziehungen in der Phantasie und in der Wirklichkeit verändern können. Auch Freundschaften, Liebesbeziehungen und kollegiale Beziehungen knüpfen in unseren Phantasien an familiäre Geschwister an. Wer hat sich nicht schon über einen Freund geärgert, der dem eigenen Bruder in gewissen Dingen so sehr gleicht? Wer hat nicht eines Tages realisiert, daß die eigenen Freundinnen in gewissen Zügen immer der älteren Schwester gleichen? So messen Geschwister und spätere Freunde und Freundinnen, die wir hier als die »Nachfahren« von Geschwistern bezeichnen, miteinander ihre Kräfte, beobachten einander, erzählen sich Geschichten, lachen und weinen, machen Freudensprünge und die Faust im

Sack. Sie loten ihre Beziehungsmöglichkeiten aus. Ähnlich und verschieden, ebenbürtig und gleichwertig stehen sie nebeneinander, auf derselben Ebene. Blicke, Stimmen und Gesten pendeln sich ein auf der Horizontale, das heißt im Austausch unter Ebenbürtigen, Gleichwertigen. Und im Schaffen von Zusammengehörigkeit und Solidarität.

Die folgenden Geschichten aus Leben und Kultur, selbst Erlebtem und Überliefertem mögen zur Geschwisterlichkeit als Beziehungsprinzip inspirieren. Sie mögen den kontinuierlichen Dialog zwischen Partnern, die sich als Gleichwertige anerkennen, beleben. Dies kommt der Entwicklung der Einzelnen als auch der Gemeinschaft zugute. Und Gemeinschaft tut not in der heutigen Zeit der aussterbenden familiären Geschwister.

Zuletzt ein Hinweis zur Lektüre dieses Buches: In jedem thematischen Kapitel werden ausgewählte Aspekte des Geschwisterlichen an mannigfachen Beispielen vertieft. So wie jedes dieser Beispiele immer auch für sich selber steht, so bedarf das Buch keiner zwingenden Lektüre von Anfang bis zum Schluß. Es kann von den thematischen Schwerpunkten her in immer neuen Zugängen erschlossen werden. Gewisse Wiederholungen zentraler Aussagen sind durchaus beabsichtigt. Die Ausführungen sollen ermutigen zu eigenem Erinnern und zu eigenem Wünschen. Und sie mögen inspirieren für den geschwisterlichen Blick, das entsprechende Wort und auch die Geste im geschwisterlich-sozialen Sinn. In diesem Sinn sind auch die »Vergegenwärtigungen« gedacht, eine Art von Zwischenmeditationen, die von einem Kapitel ins nächste führen. In ihrer Kürze und Prägnanz lassen sie viel leeren, weißen Raum auf den Seiten. Sie symbolisieren das Innehalten und Sinnieren, das Erfahren von Leere und von Offenheit, die zu neuen Räumen im geschwisterlichen Wahrnehmen und Erproben zu führen vermögen.

# 1. Das Geschwisterliche in uns

*In den Menschen, die uns begegnen, kommen uns*
*Schwestern und Brüder entgegen.*

## Betroffenheit und Widerstand

Geschwister sind uns gegeben, wenn wir welche haben. Wir wählen sie nicht aus. Sie sind die längsten Beziehungen in unserem Leben. Wir können unseren Geschwistern nicht entkommen. Wenn ich in einem Personenkreis das Stichwort »Geschwister« erwähne, stoße ich immer auf bewegende Reaktionen. Das Thema läßt niemanden unbeteiligt, unbetroffen, weder im Guten noch im Bösen. Es werden Erinnerungen geweckt und mannigfaltige Gefühle und Sehnsüchte mobilisiert. Über die eigenen Geschwister oder über das Fehlen von Geschwistern kann man sich austauschen und phantasieren. Es gibt Stoff für Gespräche und weitere Kontakte. Sowohl offensichtliche Betroffenheit als auch Widerstand gegen das Thema werden spürbar. Wenn nämlich das eigene, ganz persönliche Geschwistererleben vertieft werden soll, tauchen oft ambivalente Gefühle auf. Das Nachsinnen über die Geschwister rührt an emotionale Wurzeln, kostet Anstrengung, macht angst und kann zuweilen Erinnerungsstörungen hervorrufen. Das entspricht meiner langjährigen Erfahrung. Es wird von den meisten berichtet, die sich tiefer in ihre eigenen Geschwisterbeziehungen oder in das Fehlen von Geschwistern eingelassen haben. Das rege Interesse und die eigene Betroffenheit können unerwartet einer Leere, einem Widerwillen, unguten Erinnerungen und einer diffusen Angst Platz machen. Dann bedarf es der Ermutigung, um am Thema zu bleiben.

In der psychoanalytischen Fachliteratur begegnen wir einem ebensolchen Widerstand gegenüber der Vertiefung in das Geschwisterthema. Er zeigt sich unter anderem in der bis vor einem Jahrzehnt nur randständigen Behandlung des Geschwisterthemas und dessen Reduktion auf eine stereotype Behandlung von Geschwisterrivalität und Inzest. Auch in Therapien, in Psychoanalysen und in Selbsterfahrungsgruppen taucht dieser Widerstand auf. Ich denke, daß es nicht nur der Widerstand der Betroffenen ist, sondern auch der Widerstand von AnalytikerInnen, TherapeutInnen und GruppenleiterInnen. Geschwistererinnerungen rühren bei uns allen gleichermaßen an erlittene Verletzungen, an schmachvolle und kraftvolle Erlebnisse und an eine Sehnsucht, anerkannt und verstanden zu werden. Man braucht Mut, sich diesen Erinnerungen zu stellen.

## Eigenes Erleben prägt die Wahrnehmung

Meine eigene Geschichte mit meinen beiden jüngeren Geschwistern, einem Bruder und einer Schwester, hat mich wesentlich für dieses Thema sensibilisiert. Vorerst war da das Erkennen, wie überlebenswichtig meine Geschwister für mich waren, um den Zugriff meiner Eltern einigermaßen erträglich zu halten. Das hat mir gezeigt, wie hilfreich Geschwister durch ihre Präsenz sein können. Die Erinnerungen an heftige Kämpfe untereinander wie an solidarische Verbündungsmomente gegenüber den Eltern, und vor allem an mein Ringen um meinen Platz in der Familie haben die vielfältigsten Gefühlsmischungen hinterlassen. Sie sind mir erst mit ausreichender Distanz von zu Hause nach und nach bewußt geworden.

Die Distanz war wichtig zum Erkennen des Erlebten. Die unmittelbare Erfahrung im Familienkreis hatte seinerzeit alle Lebens- und Überlebensenergien gebraucht. Ein Kollege hat es kürzlich folgendermaßen ausgedrückt: »Erst heute, als erwachsener Mensch, der seinen Platz im Leben gefunden hat, bin ich froh, daß ich Geschwister habe. An früher denke ich nur ungern zurück. Es war eine schwierige Zeit, ein Rangeln und Ringen ohne Ende.«

Nach meinem Auszug aus dem Familienhaus reduzierte sich mein Kontakt zu den Geschwistern vorerst auf ein Minimum. Es ging darum, endlich in frei gewählten Beziehungen zu experimentieren. Jedes von uns Geschwistern ging nun seinen Weg. Doch vor allem die unangenehmen und schmerzvollen geschwisterlichen Erfahrungen haben sich in Freundschaften und Arbeitsteams in Variationen wiederholt, bis sie mir zunehmend in der Verknüpfung zu früheren Erlebnissen im Geschwisterkreis und in der Familie erklärbar wurden. In dieser Zeit war ich immer wieder fasziniert von der Lektüre und dem Hören von Geschwister-Geschichten. Diese Faszination hat mich auf den Weg der Suche nach der Bedeutung von Geschwistern geführt. Als wir drei Geschwister nach und nach unseren Platz im Leben deutlicher erkannten und einnahmen, veränderten sich unsere Begegnungen. Ein neues Interesse aneinander erwachte. Es wurde zunehmend wichtiger, was der und die andere tat und erlebte.

Es ist noch heute ein Glück für mich, wie wir auf der Basis der Erinnerungen an unsere frühere Zusammengehörigkeit als Erwachsene zueinanderfanden. In der Mitte des Lebens wurden mein Bruder und meine Schwester für mich zu Menschen, die mich auf der Suche nach meinen Wurzeln und meinem Werden begleiteten. Auf eine wundersame Weise haben die solidarischen und anspornenden Gefühle seither weit dominiert über ungute Erinnerungen. Daß meine Geschwister heute zu meinen besten Freunden gehören und ich unsere geschwisterliche Freundschaft ermutigend und stärkend erlebe, weitet mir den Blick dafür, daß sich Geschwisterbeziehungen im Laufe des Lebens zu entwickeln vermögen. Sie verändern sich analog zur eigenen Entwicklung.

Daß wir Älteste, Mittlerer und Jüngste sind, spielt heute keine wesentliche Rolle mehr, prägt aber unsere Erinnerungen, die ganz unterschiedlich und teilweise widersprüchlich sind. Heute können wir uns das gegenseitig zugestehen. Wesentlich erscheint, daß sie uns nicht im Weg, daß sie nicht zwischen uns stehen. Wir sind eben verschieden – wir sind uns in vielem auch ähnlich. Vielleicht werden wir eines Tages noch mehr voneinander verstehen können.

Heute bin ich auch Mutter. Die Tatsache, selber Kinder zu haben, die wiederum Geschwister sind und verschiedene Phasen des Miteinander durchlaufen, rührt an die Erfahrungen als frühere und heutige Schwester. Es sensibilisiert darauf, wie wichtig die Einstellung und das Verhalten der Eltern sind, damit sich Geschwisterbeziehungen entfalten können. Sie bedürfen des eigenen Raumes und der eigenen Zeit, um sich zu entwickeln. Anfangs haben die Eltern diesen Raum zu gewähren, später schaffen ihn die Geschwister sich selber. Ohne diese Freiheiten drohen die Beziehungen in der Pflicht zu ersticken.

Meine Geschwister und meine Kinder als Geschwister ermöglichen mir also immer wieder den Spiegel meiner selbst im frühen und gegenwärtigen Erleben. Überdies blitzt Geschwisterliches in allen meinen weiteren Beziehungen immer wieder auf. In den meisten Begegnungen mit Menschen kommt mir in bestimmten Situationen auch etwas Geschwisterliches entgegen: in einem komplizenhaften Lachen, in einem harten, abgrenzenden Wort, in einem vergleichenden Blick, in einer neckisch-zärtlichen Berührung.

Vor allem sind es die Dankbarkeit über die erlebte Solidarität und die Erinnerung an das Ringen und Raufen auf dem festen Boden dieser Solidarität, die mich seit Jahren an das Geschwister-Thema binden. Es ist ein großes Potential, das sich immer wieder neu entfaltet. Ich begegne vielen Frauen und Männern, die an den Geschwistern leiden und sich bessere Beziehungen wünschen. Jene, die sich verändern wollen, haben früher oder später den Weg zu den Geschwistern gefunden, sei es im realen Leben oder in der inneren Versöhnung mit ihnen.

## Eltern und Geschwister bedingen einander

Eltern und Geschwister gehören zusammen und bedingen einander. Da die Eltern in den ersten Lebensjahren für die Kinder die Mächtigen, Großen sind, üben sie einen Einfluß auf das Verhältnis der Geschwister aus. Das hat mich denn auch zur Vermutung geführt, daß es durchaus im Interesse der Eltern sein kann, den unter Umständen mächtigen Zusammenschluß der Geschwister einzuschränken – oder aber auch zu ermöglichen und zu nutzen.

Stavros Mentzos hat darauf hingewiesen, daß der zentrale psychische Konflikt, aus dem sich lebenslang alle weiteren Konflikte ableiten lassen, nicht der ödipale sei, also das Werben der Kinder um die Liebe zum andersgeschlechtlichen Elternteil, sondern der lebenslange Abhängigkeits- und Autonomie-Konflikt; er liegt gleichermaßen in den Geschwisterbanden wie in den Beziehungen zu den Eltern begründet.[1]

Bei der lebenslangen Bearbeitung dieses zentralen Abhängigkeits-Autonomie-Konflikts spielen die Geschwister eine wesentliche und entwicklungsstimulierende Rolle. Daß sie bisher oft wenig beachtet wurden, hat meines Erachtens mindestens zwei Gründe:

Psychoanalytisch hat es mit der Zentrierung auf das Ödipale zu tun. Der Blick ist auf den Vater, auf die Mutter gerichtet und darauf, was zwischen den Eltern und dem Kind geschieht. Die Geschwister werden kaum beachtet. Natürlich gibt es keinen anderen Weg ins Leben hinaus als über die früheren Abhängigkeiten. Das hat biologische und gesellschaftliche Gründe. Im Anschluß an die Versorgungsabhängigkeit der ersten Lebensjahre erscheinen Erlebnisse mit den Eltern ein Leben lang begehrlicher, wuchtiger und eindrücklicher als jene mit den Geschwistern. Doch die zentrale menschliche Frage »Was bedeute ich den anderen?« richtet sich an die Eltern *und* an die Geschwister. Vielleicht könnte man sagen: Sie richtet sich ganz wesentlich auch an die Geschwister, wenn die Eltern es zulassen können.

Unsere Kultur und Gesellschaft, unsere Institutionen und Organisationen sind im wesentlichen hierarchisch organisiert. Die Dominanz dieses Oben und Unten, der Vertikalen, hat etwas Unausweichliches und Unerbittliches. Daß wir uns »von unten nach oben« entwickeln sollen und aller Segen und alles Übel von oben kommen, ist selbst dann tief in uns verankert, wenn wir es auf der bewußten Ebene ablehnen. Der vermehrte und bewußte Einbezug von Geschwistern und Gleichaltrigen in unser Denken und in unsere Wahrnehmung würdigt erst die Verschränkung einer vertikalen und horizontalen Beziehungsebene und ihre beider gleichermaßen wichtigen Rollen in der menschlichen Entwicklung. Wenn es uns gelingt, den horizontalen (geschwisterlichen, freundschaftlichen, kollegialen etc.) Beziehungsmustern genausoviel Aufmerksamkeit zu widmen wie den gegebenen vertikalen, bringt das eine Erweiterung unseres menschlichen Potentials mit sich. Wo die Vertikale oftmals einschränkend, kontrollierend, aber auch sicherheitsfördernd wirkt, kann die Horizontale zwar mehr verunsichern, aber auch öffnen, respektieren und kommunikativ verbinden.

## Rivalität und Zusammenschluß

Wenden wir uns nun der sogenannten Geschwisterrivalität zu, die seit Freud in der Fachliteratur, aber auch im Alltag im Vordergrund der Auseinandersetzung mit Geschwistern steht. Es ist wichtig festzuhalten, daß Rivalität sowohl konstruktive und fördernde als auch destruktive, zerstörerische Aspekte aufweisen kann. Rivalität ist zudem keineswegs ein Thema, das ausschließlich Geschwister betrifft. Kinder rivalisieren mit ihren Geschwistern, außerdem mit ihren Eltern, und die Eltern rivalisieren untereinander und mit ihren Kindern. Grundsätzlich kann um alles, was einem wichtig ist, mit anderen rivalisiert werden. Verschiebungen von Rivalitäten sind häufig zu beobachten. Beispielsweise ist ein junger Vater eifersüchtig auf sein neugeborenes Kind, rivalisiert mit ihm um die Liebe zur Frau und Mutter und aktualisiert damit unbewußte frühe Erfahrungen mit seinen nachgeborenen Geschwistern. Oder eine Frau und ein Mann rivalisieren in ihrer Ehe auf eine ähnliche Art miteinander, wie beide ehemals mit ihren Geschwistern rivalisiert haben.

Der Begriff des Rivalen hat einen interessanten etymologischen Hintergrund.

»Ein Rivale war ursprünglich jemand, der das Recht hatte, einen Wasserlauf (rivus) mitzubenutzen. Es geht also um die frühgeschichtlichen Kämpfe der Stämme um das Recht auf Zugang zum Fluß. Wer Zugang zum Fluß hat, kann Wasser holen, der überlebt, der hat einen Vorsprung. Psychoanalytisch betrachtet, symbolisiert der Fluß die Mutter, die die Grundbedürfnisse befriedigt; die Kinder rivalisieren um den Zugang zu ihr. Eltern sind für ein Kind in jeder Hinsicht Quelle der Nahrung; ohne sie müßte es physisch und psychisch verdursten und verhungern.«[2] Geschwisterrivalität setzt also die Eltern voraus. Jedes Kind klammert sich an diese Quelle. In der Verschränkung von Vertikale (wie gehen die Eltern damit um?) und Horizontale (Geschwister unter sich) ist es gleichzeitig elterliches und geschwisterliches Thema. Und es kann es bleiben, muß es nicht, wenn die Eltern schon lange gestorben sind und die Geschwister immer noch rivalisieren.

Neid und Rivalitätsgefühle sind von zentraler Bedeutung zum Aufbau einer eigenen Persönlichkeit und Identität. Sich zu vergleichen und sich abzugrenzen, sich zu behaupten und zu wehren sind wesentliche Aspekte der Identität, die im Geschwisterkreis – unter ähnlichen, aber anderen – eingeübt werden. Als Angehörige derselben Generation, die die weit mächtigere Generation der Eltern vor sich hat, sind sich die Geschwister die Nächsten zum Rivalisieren. Dabei spielt die Nachahmung der elterlichen Macht oft eine wichtige Rolle. Vor allem fördert die Auseinandersetzung mit den Schwestern und Brüdern den Anreiz zur Individuation, zur Selbstwerdung, zur Autonomie und Unterscheidung.

Rivalität unter den Geschwistern einerseits und der Zusammenschluß im Geschwisterverband andererseits stellen zwei Seiten derselben Medaille dar. Sie gehören zusammen und bedingen einander. Der solidarische Zusammenschluß der Geschwister wird, wie schon erwähnt, auffällig wenig beachtet. Wir können mutmaßen, daß es im Interesse der Eltern ist, die Rivalität herauszuheben und den Zusammenschluß im Geschwisterverband zu unterbinden. Faktisch können wir genau diesen Prozeß immer wieder beobachten. Eltern spalten Geschwisterbeziehungen, was oft das Ergebnis eigener unbewältiger Geschwistererfahrungen ist, die unerkannt an die eigenen Kinder weitergegeben werden. Vielleicht steckt auch eine Angst der Eltern vor den Kindern dahinter und die Hoffnung, daß sie einzeln leichter handzuhaben seien als im Geschwisterverband. Wenn die Dominanz der Eltern aus Angst und Abwehr auf diese Art durchgesetzt wird, heizt das die Rivalität unter den Geschwistern ungut an. Vor allem wird den geschwisterlichen Möglichkeiten der Auseinandersetzung, Konfliktbearbeitung und Solidarisierung der Boden entzogen. Dort liegen auch die Quellen der Wahrnehmung von Ungleichheit und Ungerechtigkeit.

Geschwisterrivalität erscheint immer wieder als manifestes und wichtiges Thema. Darin gilt es auch immer wieder das verborgene, latente Thema der Verbündung und des Zusammenschlusses unter den Geschwistern zu entdecken. Geschwister sind bedeutende Akteure bei der Entstehung von Einfühlungsvermögen, Selbstbehauptung und Solidarität.

Es ist in (Therapie-)Gruppen immer wieder eine Lust und Neugier am horizontalen Geschehen auszumachen, die in die Richtung der Verschwörung der Geschwister, des Zusammenschlusses und des gemeinsamen Spiels weist. Dazu gehört die Kehrseite mit allen den schrecklichen und bedrohlichen Gefühlen, ausgeschlossen zu werden und alles zu verlieren. Im therapeutischen Prozeß der Durcharbeitung von Neid, Haß und Rivalität können diese Gefühle genutzt und bearbeitet werden, um die Geschwisterbeziehungen liebevoller und ambivalenzfreier zu gestalten. Solche Erfahrungen zeigen, in welchem Maß die Bezogenheit auf Geschwister – eine primäre geschwisterliche Zu-Neigung – eine frühe positive Grunderfahrung darstellt.

## Gleichgültigkeit und Zuneigung

Es gibt keine gleichgültigen Geschwisterbeziehungen. Wenn es gelingt, in einem Gespräch über Geschwister die Fassade der Gleichgültigkeit zu durchbrechen, kommen die schwierigen Aspekte der Beziehung zum Vorschein: Enttäuschung, Kränkung, Unterdrückung, Entwertung und Mißgunst. Die Gleichgültigkeit dient als Schutz vor diesen schmerzlichen Gefühlen. So kann man etwa hören: »Ich habe eine Schwester, von der ich nicht reden will. Ich habe den Kontakt mit ihr vor vielen Jahren abgebrochen und kann mich kaum mehr an sie erinnern. Es ist besser so.« Und: »Mein älterer Bruder ist früh von zu Hause weggegangen und hat mich allein bei den Eltern zurückgelassen. Das nehme ich ihm bis heute übel, weil ich auch heute diejenige bin, die nach den Eltern schaut. Irgendwann habe ich meinen Bruder abgeschrieben. Er interessiert mich nicht mehr. So geht es mir besser.«

Hinter solchen Äußerungen liegen traumatische Gefühle und verleugnete Konflikte, die schon damals und im Laufe der Jahre verdrängt werden mußten. Sie hätten sonst zu sehr gekränkt und verletzt. In der subtilen Wiederannäherung an solche verdrängten, schmerzvollen Erlebnisse ist es aber möglich, wieder einen inneren Faden zu sich selber als Kind und zum Geschwister zu finden. Mit der Zeit kann es möglich werden, sich auch an gute und liebevolle Erlebnisse mit der Schwester und dem Bruder zu erinnern. Auf diese vorsichtige Art können die früheren schmerzvollen Erlebnisse ins heutige Leben integriert werden. Die Aufhebung der früher notwendigen Verdrängung und Verleugnung kann den Weg ebnen zu geschwisterlicher Zuneigung und Bezogenheit. Wenn es gelingt, zu einem Einverständnis mit dem eigenen Geschwistersein in allen seinen Facetten zu kommen, wird ein Weg der Begegnung denkbar und kann gar in der Sehnsucht münden, wieder eine Schwester, einen Bruder haben zu wollen.[3]

Das Gleichgültige, Feindselige und Mißgünstige unter Geschwistern ist zumeist eine Verleugnung und Abwehr der liebevollen, zugeneigten Gefühle. Es wird in diesem Buch immer wieder die Rede davon sein, wie diese positive Grunderfahrung wieder neu entdeckt werden kann. Das mag in der Realität mit einem oder mehreren Geschwistern stattfinden oder sich auch in der Sehnsucht und in Phantasien mit und nach Geschwistern äußern. In fast jeder Geschwisterbeziehung liegt von ihrem Anfang her ein Gefühl und Erlebnis der Zugewandtheit.

Der und die andere sind einfach auch da, mit dabei und immer da. Ob sich aus dieser Zugewandtheit eine Zuneigung entwickeln und halten kann, hängt mit vielerlei Faktoren zusammen. Die Eltern spielen dabei eine nicht zu unterschätzende Rolle. Oft ist es erst den erwachsenen Geschwistern möglich, den Weg zu dieser Zuneigung zu finden.

## Vergegenwärtigung I

Es wird seine Bedeutung haben, dieses Buch hier und heute in Händen zu halten.

In jedem Fall deutet es auf eine Betroffenheit durch das Geschwisterthema hin.
Es mag sich lohnen, ihr nachzugehen.

Sicherlich gibt es auch Widerstände und Ängste, sich diesem Thema anzunähern.
Auch sie wollen gewürdigt werden.

Rivalität und Zusammenschluß sind die Kehrseiten derselben Medaille.

Gleichgültigkeit gegenüber einem oder mehreren Geschwistern hat ihre Gründe.

Zuneigung zu den Geschwistern äußert sich auf unterschiedlichste Weise, früher und heute.

*

Den eigenen Erfahrungen kann nachgespürt werden.
Vielleicht ist ein Schatz in ihnen verborgen.

# 2. Was macht das Geschwisterliche aus?

*Sie oder ich – ich oder er*
*Liebe und Haß*
*Wir – die Geschwisterbande.*

## Älteste, ältere und jüngere Geschwister

Unser Wissen über Geschwistererfahrungen ist oft von der Perspektive der ältesten Geschwister geprägt. Offensichtlich sind es meist die Erstgeborenen, die schreiben und lehren und therapieren. Ich gehöre auch zu ihnen. Sigmund Freud als ebenfalls Ältester schreibt über das Verhältnis unter Geschwistern: »Ich weiß nicht, warum wir voraussetzen, es müsse ein liebevolles sein, da doch die Beispiele der Geschwisterfeindschaft unter Erwachsenen in der Erfahrung eines jeden sich drängen, und wir so oft feststellen können, diese Entzweiung rühre noch von aus der Kindheit her, oder habe von jeher bestanden.«[4] Freuds abwehrende Sicht auf die Geschwister und seine Wahrnehmung der feindseligen Gefühle ihnen gegenüber als Primärem und Prägendem haben die psychoanalytische Wahrnehmung der Geschwister bis heute, leider, wesentlich geprägt. Doch der von ihm geschaffene manifeste Text seines Werkes über das Feindselige unter den Geschwistern enthält einen latenten, darin verborgenen Text, den es zu entziffern gilt.

In ihm verbergen sich Freuds persönliche Erfahrungen, die von Bank & Kahn und anderen aufgearbeitet wurden und die erst seine Wahrnehmung der Geschwister als primär Feindseligen erklären. Es wurde bereits darauf hin-

33

gewiesen, daß das eigene Erleben die Einstellung zum Geschwisterthema und zur Wahrnehmung der »Geschwisterbande« wesentlich prägt. So zeigt uns auch die Sichtung der heute vorliegenden Literatur über Geschwister unterschiedliche, teilweise auch widersprüchliche und gegenläufige Erklärungsansätze. Im Gegensatz zu Freud heben Autoren wie Horst Petri und Hans Sohni, denen ich mich verbunden fühle, eine ursprüngliche und grundlegende Neugier und Liebe des älteren für das jüngere Geschwister hervor, die im Laufe des Aufwachsens die mannigfaltigsten Kämpfe und Rivalitäten zu bestehen hat.[5]

Die Schwangerschaft der Mutter und die Geburt eines Geschwisters sind immer ein zentrales Ereignis im Leben des älteren Kindes. Das neue Geschwister dringt in das physische und psychische Universum des älteren Kindes ein. Wir können durchaus von einem emotionalen Überfall sprechen. Das ältere Kind muß sich gemäß seiner erreichten Alters- und Entwicklungsstufe äußerlich und innerlich an eine neue Situation anpassen.

Geschwisterschaft beginnt für das Ältere mit der Identifikation mit dem jüngeren Geschwister. Die Lust eines Kindes, sich mit allen Menschen in der Umgebung zu identifizieren, kann in jenem Moment bedrohlich werden, wo sich das Ältere mit dem weniger entwickelten Säugling identifiziert. Es fühlt sich durch dessen Regressionspotential als Säugling verführt zur ebensolchen regressiven Befriedigung eigener Triebwünsche (nuckeln, gestillt und gehalten werden). Gleichzeitig fühlt es sich bedroht in seiner Entwicklung, die es bereits durchgemacht hat, in seiner errungenen Selbständigkeit und Autonomie. Aggressive Aktionen des älteren Geschwisters, die man üblicherweise als Rivalität, Neid und Eifersucht bezeichnet, sind eine Abwehr einer tiefen Identifikation und eine Form des Umgangs mit dem regressiven Wunsch, wieder klein und unselbständig und

34

nahe bei der Mutter zu sein. So geht es beim älteren Kind um den Versuch, zwischen der Symbiose mit der nährenden, sorgenden Mutter und der Identifikation mit dem Säugling einen eigenen Weg zu gehen, die schwierige Balance zwischen Abhängigkeit und Autonomie herzustellen. In diesem frühen Stadium sind die beiden affektiven Beziehungen der Liebe und der Identifikation noch miteinander verschmolzen; in späteren Stadien wird deren Differenzierung wichtig sein. Es ist die Aufgabe der Eltern und Älteren, dem älteren Geschwister zu vermitteln, daß es das Neugeborene lieben kann, ohne dabei (mit)regredieren zu müssen; lieben zu lernen, ohne notwendigerweise in der Identifikation zu verharren. Im Kern wird hier angelegt, was sich im späteren Leben als Anerkennung des Andern, Gleich-Wertigen, entfalten kann.

Auch im Hinblick auf die Zweit- und Drittgeborenen sind sich die Geschwisterforscher nicht einig. Vielfach wird erwähnt, daß sie gegenüber den Eltern mehr Freiheiten genießen. Einen gewissen Druck erleben sie in der Beziehung zum Älteren, dem sie sich oft fügen müssen. Sie können sich aber auch an ihm orientieren. Jüngere können sich ohne die auf dem Ältesten lastende Bürde elterlicher Erwartungen und Kontrollen im Windschatten dieser Ältesten konkurrent und phantasievoll zu einer ebenbürtigen Person entwickeln. Insbesondere Schwesternforscherinnen betonen, wie jüngere und ältere Schwestern durchaus wechselseitig voneinander lernen.[6] Männliche Varianten entsprechen eher, aber nicht nur, dem Klischee des leistungsorientierten, angepaßten Erstgeborenen und des Zweiten als Wettläufer, der im Vergleich ein Leben lang zurückbleibt. Doch auch hier gibt es eine Vielfalt geschwisterlicher Muster, die zeigen, daß vor allzu eindimensionalen Erklärungen gewarnt werden muß.

Auch über die dritten Kinder läßt sich Unterschiedliches

feststellen: Es gibt dritte Kinder, die in gewissen Familien-
konstellationen fürchten, neben dem »Vatergeschwister«
und dem »Muttergeschwister« keinen Platz mehr zu finden.
Es scheint auch, als vergäßen Zweit- und Spätergeborene
nie den großen Einfluß, den das frühe Ungleichgewicht der
Kräfte mit sich brachte. »Es ist schrecklich«, schreibt Sta-
nislaus Joyce, »einen klugen, älteren Bruder zu haben. Aber
keiner von uns hat die Macht, das zu verändern.« Diese
Feststellung des Bruders von James Joyce markiert den einen »Felsen« – die Altersrangierung –, mit dem sich Geschwister auseinandersetzen müssen. Der andere »Felsen«
wird durch das Geschlecht markiert, zumal in einer Gesellschaft, in der das Männliche lange Zeit Vorrang vor dem
Weiblichen hatte. Wir treffen hier auf traditionell gegebene
Hierarchisierungen, mit denen sich Geschwister auseinanderzusetzen haben. Es wird einerseits erkennbar, welch
wichtigen Einfluß die gesellschaftlichen Bewertungen von
Altershierarchie und Geschlecht auf das persönliche Leben
aufweisen können. Andererseits spielen weitere Faktoren,
die wesentlich mit dem Verhalten der Eltern untereinander
und zu den Kindern zu tun haben, ebenfalls prägend mit.

Im Gegensatz zur Problematik des erstgeborenen Kindes
ist die Entwicklungsgeschichte der Nachfolgenden noch
wenig aufgearbeitet worden. Bis heute steht der vertikale
Blick, von oben nach unten, von den Ältesten zu den Jüngeren, von den Eltern zu den Kindern, im Zentrum der Beachtung. In den Märchen und Mythen und in der Bibel sind
es tatsächlich oft die jüngeren Geschwister, die zu Helden
heranwachsen. Die lebenswichtigen Bewährungsproben
werden meist unter Brüdern und Schwestern angegangen
und durchgestanden. Eindrucksvolle Geschwistermärchen
nehmen in der heutigen Literatur über Selbstwerdung,
Reifungsprozesse und Auseinandersetzungen unter Geschwistern einen bedeutenden Platz ein.[7]

## Einzelkinder

Heutzutage gibt es immer mehr Einzelkinder. Bereits gut die Hälfte aller Haushalte mit Kindern sind Ein-Kind-Haushalte, und die Tendenz ist steigend. »Einzelkinder sind nicht anders als Geschwisterkinder«, sagt Marion Rollin, »mit dem Unterschied, daß sie anders aufwachsen, sie müssen sich nach oben orientieren, weil innerhalb der Familie seitwärts keiner da ist.«[8] Rollin zeigt auf, daß es mit Hilfe von Gleichaltrigen durchaus kompensierende Möglichkeiten dieser vertikalen Orientierung geben kann, die von den Eltern oft intuitiv erfaßt werden; wenn sie zum Beispiel vermehrt darauf achten, daß ihr Kind in der Freizeit und in den Ferien mit anderen Kindern in Kontakt kommt.

Einsamkeit wird von vielen Einzelkindern beklagt. Viele dieser Einzelkinder wachsen zudem mit einem alleinerziehenden Elternteil, meist der Mutter, auf. Die Nähe und Enge und oft auch Abgeschlossenheit solcher Familien sind ein neueres Phänomen, mit dem wir heutigen Menschen uns noch auseinanderzusetzen haben.

An die Stelle ersehnter Geschwister können bei Kindern Phantasien von Geschwistern und Wahlgeschwistern treten, die die Enge der Kleinfamilie horizontal erweitern. Auch in der Realität werden Wahlgeschwister unter den Gleichaltrigen, in Nachbarschaft und Schule gesucht.

Veränderte Familienstrukturen, isoliertes Wohnen und hohe Mobilität erschweren den Kontakt zu Alterskameraden. Rollin betont die Qualität der elterlichen Beziehung und deren Beziehung zum Einzelkind. Es zeigt sich immer wieder, daß das Fehlen von Geschwistern bei den einen positiv erlebt und bei den anderen als schmerzhaft und defizitär empfunden wird. Schwierig wird es für Einzelkinder oft dann, wenn sie das Elternhaus verlassen wollen oder wenn die Eltern älter werden und sterben. Dann wird das »Einzig«-Sein zur Erschwerung der ohnehin schon anspruchsvollen Gestaltung der Lebensübergänge.

## Phantasie-Geschwister, Geschwisterphantasien

Phantasien prägen alle unsere Beziehungen. Wie wir unsere Schwester, unseren Bruder erleben, hat mit der erlebten Wirklichkeit, vor allem aber mit den Phantasien zu tun. Wir sehen das Geschwister durch die Brille unserer Wahrnehmung, die von Wünschen und Phantasien geprägt ist und die manchmal mit dem realen Geschwister gar nicht so viel zu tun hat. Diese wechselseitigen Verzerrungen der Wahrnehmung machen das Gespräch unter Geschwistern oft kompliziert. Es wird schwierig, sich darüber zu einigen, was wirklich ist.

Geschwister phantasieren, daß ihre Geschwister anders sind als sie selber und daß sie anders sind, als sie tatsächlich sind. Sie phantasieren darüber hinaus zusätzliche Geschwister, einen fehlenden Bruder, eine vermißte Schwester. Das ist kein Privileg der Einzelkinder. Da in der Phantasie alles möglich ist, bereichern solche Geschwister das eigene Leben und erweitern die manchmal beengende Familie. Sohni hat das unter anderem am Beispiel von männlichen Frühadoleszenten beschrieben, die allein mit der Mutter leben. Sie umgeben sich in der Phantasie oft mit einem oder mehreren Phantasiegeschwistern und erweitern auf diese Art die Kleinstfamilie in der horizontalen Dimension.[9] Ähnliches ist bekannt bei Geschwistertrennungen durch Todesfälle, bei Scheidungen, bei Fremdplazierungen und in der Folge von Krieg und Verfolgung. Die reale Geschwisterbeziehung, die nicht mehr gelebt werden kann, wird in der Phantasie weitergeführt. Wir kennen denselben Prozeß anhand von Phantasien über ungeborene oder tote Geschwister, die in der Phantasie notwendig und strukturierend zur Familie gehören. Diese können auch in ganz alltäglichen Geschwisterbeziehungen eine Rolle spielen. Hans Sohni (ebd.) hat beschrieben, wie Kinder mit Geschwisterwunschphantasien und Tötungsphantasien auf Andeutungen und Mitteilungen der Mutter betreffend Schwangerschaft, Abtreibung und Sterilisation reagieren. Wird ein Kind real informiert, kann es sich mit den Phantasien und mit der Realität auseinandersetzen. Bleibt es im Nichtwissen und unklaren, ist es seinen Phantasien ausgeliefert. In den Phantasien und Wünschen gegenüber Geschwistern wird oft ein Mehr angedeutet, das nicht realisiert werden darf oder kann. Wunschphantasien wollen Vorenthaltenes imaginär schaffen. Dadurch können sie die Wirklichkeit entlasten, solange sie dieselbe nicht verdrängen und verleugnen.

Geschwisterphantasien werden dann wieder angerührt, wenn sie durch eine bestimmte Stimmung oder Person geweckt werden. Immer wieder brechen wir, von unseren Phantasien geleitet, zu Brüdern und Schwestern auf.

## Jedes Geschwister hat eine andere Familie

Jedes Kind trifft bei seiner Geburt auf eine veränderte Familienkonstellation, nimmt in der Familie eine einzigartige Stellung ein, bewegt sich in wechselnden Dyaden und Triaden und wächst in einem eigenen psychischen Universum auf. Das hat zur Folge, daß die Gefühle der älteren und jüngeren Geschwister oft wechselseitig schwer mitteilbar und nachvollziehbar sind. Auch durch Scheidungen und Wiederverheiratungen der Eltern werden Geschwisterkonfigurationen weitreichend verändert. Leibliche Geschwister erhalten unter Umständen Stief- und Halbgeschwister, und sie müssen sich mit diesen »sozialen« Geschwistern neu einrichten und orientieren. Das ist insbesondere bedeutungsvoll, wenn der Einfluß der Eltern groß ist und die Geschwister dadurch voneinander isoliert. Es bedarf dann häufig des Erwachsenwerdens und der damit verbundenen Wiederannäherungen an die Geschwister, um solche Erfahrungen bewußtmachen, austauschen und verarbeiten zu können.

Ein Mann in einer Geschwister-Selbsterfahrungsgruppe erzählt davon: »Mein jüngster Bruder und ich haben kürzlich mit Erstaunen festgestellt, daß wir uns früher, als Kinder, als Geschwister gegenseitig völlig anders wahrgenommen hatten, als wir uns in Wirklichkeit fühlten. Ich war der festen Überzeugung gewesen, daß er als Jüngster der Bevorzugte und am meisten Geliebte war. Er sagt heute, er habe als Kind völlig im Schatten der älteren Geschwister gestanden und sich darum immer sehr unglücklich gefühlt.«

Wenn im Erwachsenenalter ein solcher Austausch gelingt, können sowohl die früheren unterschiedlichen Erlebnisweisen gewürdigt als auch diese Unterschiede ins heutige Leben integriert werden. Das stimmt gegenüber dem Geschwister verständnisvoller und versöhnlicher. Solche Erlebnisse gelten auch für Eltern und Kinder, wenn zum Beispiel frühere Erlebnisse und Gefühlseinstellungen zu einem Geschwister auf das eigene Kind übertragen werden. Der eigene Sohn wird dann zum früher geliebten oder/und gehaßten Bruder, oder die Tochterbeziehung entspricht ziemlich genau jener zur eigenen Schwester. Jedes Kind wird also von den Eltern mit unterschiedlichen Phantasien belegt, und seine Erziehung wird entsprechend, oft unbewußt, gelenkt. Solche phantasmatischen »Besetzungen« und daraus folgenden Erwartungen bedürfen der sorgfältigen und langsamen Auflösung. Zumeist werden sie den betroffenen Kindern nicht gerecht und belasten dadurch die geschwisterlichen Beziehungen.

Wir stoßen dabei vor zum einen Extrem: die Geschwister als Mitspieler und Opfer im elterlichen Drama.

Das andere Extrem ist die autonome Geschwisterschar: Wir kennen sie aus Anna Freuds und Sophie Daheims Studie über deutsch-jüdische Voll-Waisen, die vorwiegend unter Gleichaltrigen aufwuchsen. Die starke Abhängigkeit der Kinder voneinander und die Notwendigkeit des Überlebens zeigten sich im fast vollständigen Fehlen von Rivalität und Neid. »Sie hatten eine Möglichkeit gefunden, ihre Libido unterzubringen, und kraft dessen einige ihrer Ängste gemeistert und soziale Haltungen entwickelt.«[10]

Zwischen diesen beiden Extremen – den elterngesteuerten Geschwisterbeziehungen und der autonomen Geschwisterschar – findet geschwisterliches Leben statt. Wichtig erscheint mir der Hinweis darauf, daß sich der Säugling und das Kind nicht nur im Glanz der Augen der Mutter und des Vaters spiegeln, sondern auch in jenem der Geschwister. Sie erkennen sich in ihren Annäherungen und Abstoßungen, in der gemeinsamen präverbalen und verbalen Verständigung, in der Sprach- und Weltfindung, die unter Geschwistern anders verläuft als mit den elterlichen Autoritäten. Vielfach ist die Geschwisterwelt den Eltern weitgehend unzugänglich. Erwähnt seien gestische und sprachliche Verständigungen unter Geschwistern, von denen die Eltern ausgeschlossen sind. Eine eigene Sprache unter Geschwistern bedeutet immer auch, daß sie etwas für sich allein haben wollen. Darin können Eltern wahrlich einen Grund sehen, um mit der Geschwisterbande zu rivalisieren.

## Das Geschwisterpaar

Auffallend ist in Erzählungen oft die Nähe des heterosexuellen Geschwisterpaars zum Paar als Liebespaar. Die meisten Schwestern und Brüder erinnern sich an erotische Phantasien gegenüber den andersgeschlechtlichen Geschwistern. Diese Phantasien können denn auch in eine sexuelle Anziehung münden. Geschwisterliebe zwischen Bruder und Schwester ist das andere große Geschwisterthema neben der Rivalität. Bei beiden Themen, Inzest und Rivalität, geht es um die Gleichheit oder Ähnlichkeit als Bild, als imaginäre Vorstellung. Inzest können wir als regressive, das heißt rückwärts gewandte Verschmelzung verstehen; Rivalität als Abwehr der narzißtischen Katastrophe »entweder du oder ich«. Bei beiden kann es um Leben und Tod gehen.

Das Geschwisterliche enthält durch seine Intimität und Unausweichlichkeit eine ambivalente Mischung von Zuneigung, Zärtlichkeit und Verbundenheit. Dies zeigt sich beispielsweise im geschwisterlichen Raufen, wo sich die Geschwister körperlich sehr nahe kommen. Sehr oft geht es auch um flüchtige Augenblicke mehr oder weniger unschuldigen Betrachtens, Berührens und Vergleichens zur Befriedigung von Neugier. Aber es gibt emotionale Konstellationen, in denen Berührungen zu Umarmungen werden. Dabei gibt es viele Spielarten, die von liebevollen und fürsorglichen Annäherungen zu ausbeuterischen und aggressiven Formen reichen. Wichtig sind auch die atmosphärischen Stimmungen in der Familie, die zu einem guten Teil von den Eltern und der Gestaltung von deren Sexualleben ausgehen. Damit spielerische Neugier und Liebe nicht in ödipale Verwicklungen und Inzest münden, bedarf es der Sublimation sexueller Regungen.[11] Das Inzesttabu als kulturell-symbolische Orientierung anerkennt die Konflikthaftigkeit und Verführbarkeit des Menschen und überläßt durch seine weltweite Etablierung deren Verarbeitung nicht ausschließlich dem Individuum.

Durch das Inzesttabu in der Familie erhält das Begehren erst Gestalt: Es geht um die Selbstwerdung, um das Selbst und die anderen. Die Familie soll Schutzraum der Intimität ohne Sexualität sein. Die jungen Menschen sollen hinaustreten aus der allzu selbstverständlichen und naheliegenden Wärme und den familiären Abhängigkeiten, um mit anderen Menschen Beziehungen einzugehen. Durch Beziehungen außerhalb der Familie werden erst Selbstwerdung, Entwicklung und Wandel möglich.

Auch sublimierte, das heißt nicht sexuell ausgelebte und doch existierende Geschwisterliebe zwischen Bruder und Schwester kann einer weiteren Entwicklung im Wege stehen. In Geschwister-Selbsterfahrungsgruppen habe ich immer wieder erlebt, daß Frauen und Männern bewußt wird, daß sie erst die Beziehung zum Lieblingsgeschwister klären müssen, um eine schwierige Paarbeziehung verstehen bzw. überhaupt eine neue Liebesbeziehung eingehen zu können. Ungeklärte Brüder- und Schwesternbeziehungen und die dazugehörenden Phantasien können durchaus eine Liebesbeziehung verunmöglichen oder nachhaltig stören. So werden sich Geschwister oft erst nach Überwindung großer Widerstände und Ängste bewußt, daß ihre bisherigen Partnerkonflikte und ihre Geschwisterbindung in einem engen Zusammenhang stehen.

Dazu ein Beispiel. So erzählte Renate in einer Geschwister-Gruppe ihre eigene Geschichte: Sie und ihr Bruder betrieben gemeinsam eine Schreinerei. Beide waren gegen vierzig, ledig und wohnten allein. Nachdem es jahrelang gut funktioniert hatte in der geschwisterlichen Zusammenarbeit, begann sich Renate zunehmend unwohl zu fühlen. Erstmals stiegen ihr Vermutungen auf, ihr Bruder und sie stünden sich gegenseitig im Wege, weil beide immer nur vorübergehende Liebesbeziehungen lebten. Nach vielen inneren Kämpfen entschloß sich Renate dazu, ihrem Bruder mitzuteilen, daß sie aus dem gemeinsamen Betrieb aussteigen wolle. Erstaunlicherweise gab es keine größeren Auseinandersetzungen, denn ihr Bruder schien ihren Entschluß erleichtert zur Kenntnis zu nehmen. Renate suchte sich einen neuen Arbeitsplatz in einer benachbarten Stadt. Binnen Jahresfrist verliebten sich sowohl Renate als auch ihr Bruder »wie nie zuvor« in neue Partner und heirateten sie im Abstand von wenigen Monaten.

## Komm ganz nah – geh endlich weg!

Die Ambivalenz der Gefühle macht das Heikle und Diffizile an den Geschwisterbeziehungen aus und wird dementsprechend gefürchtet. Liebe und Haß werden gleichzeitig als starke Bindungen erlebt und wirken beide bedrohlich. Im günstigen geschwisterlichen Aufwachsen können sie beide erlebt, ausgehalten und integriert werden. Das zeigt sich in Äußerungen wie »Komm ganz nah zu mir – geht doch endlich weg« und »Ich hasse dich, weil ich dich so liebe«. »Komm, hau ab!« nennt Arnhild Kantelhardt ihre ausgewählten Geschwister-Geschichten und stellt fest, daß dann, wenn unter Geschwistern ernste Probleme auftreten – ein Kind muß beispielsweise ins Krankenhaus –, diese Ambivalenz wie weggeblasen scheint. »Eigentlich ist es doch schön, daß du da bist«, ist dann die Einsicht, die selbst dann bleibt, wenn es bald wieder hoch hergeht.

Die Ambivalenz der Gefühle spielt letztlich in allen nahen Beziehungen eine wesentliche Rolle. Das Aushaltenkönnen von Liebe und Haß ist denn auch ein entscheidender Reifungsschritt.

Im Bestehen und Überwinden solcher Ambivalenzen kann sich das spezifisch geschwisterliche Begehren entfalten. Rivalität wie Inzest sind in diesem Sinne die extremen Abwehrformen des geschwisterlichen Begehrens, die im Keim wohl in fast allen Geschwisterbeziehungen zu finden sind. Im bedrohlich Naheliegenden dieser Abwehrformen dürfte ein Grund liegen, daß das Thema Geschwister oft vernachlässigt bzw. so stereotyp behandelt wird. Dabei werden sowohl die große Bedeutung, die Geschwister füreinander lebenslang haben, als auch das entwicklungs- und identitätsfördernde Element des konstruktiven geschwisterlichen Rivalisierens unterschlagen.

Hilflosigkeit, Verletzlichkeit und eine große Bedürftigkeit nach Geborgenheit und Nähe sind häufig vorkommende geschwisterliche Regungen bei Erwachsenen, die über ihre Geschwister sprechen. Wenn diese Gefühle und Bedürfnisse abgewehrt werden müssen, werden Enttäuschung, Skepsis, Gleichgültigkeit oder Haß vorherrschend. Sie wirken in jedem Fall entwicklungshemmend.

## Geschwisterübertragungen

Im Alltag begegnen wir immer wieder Menschen, die sich früher oder später als Frauen oder Männer erweisen, die unseren Geschwistern zu gleichen scheinen. Wir nennen diese Prozesse Geschwisterübertragungen, weil wir unsere Schwestern- und Brüderbilder auf andere Personen übertragen. Unbewußte Phantasien über ein Geschwister und Erlebnisse mit ihm wecken beispielsweise unseren Wunsch, mit einer bestimmten Person in Kontakt zu kommen oder mit ihr zu arbeiten. Etwas Unerklärliches zieht uns magisch an – oder stößt uns ab. Natürlich haben wir auch über diese neue Person Phantasien. Sie werden der betreffenden Person meistens nicht gerecht, weil sie eigentlich den Bruder oder die Schwester meinen. Verinnerlichte Konflikte drängen dazu, sich erneut in Beziehungen wiederzubeleben. Solche Übertragungen zeugen von der Vitalität und der Unveränderbarkeit der ins Unbewußte verdrängten Wünsche. Allerdings werden Geschwisterübertragungen viel seltener beschrieben als das, was wir gewohnt sind – die Mutterund Vaterübertragungen. Die Geschwisterübertragungen sind uns weniger geläufig und weniger vertraut, auch wenn sie ebenso häufig vorkommen wie die elterlichen Übertragungen.

Dazu ein Praxisbeispiel: Die quälenden Gefühle des Neides einer Analysandin auf die Analysegeschwister, das heißt auf die anderen AnalysandInnen und KlientInnen, und die dazugehörende Wut auf mich als Analytikerin, daß ich die anderen sicherlich bevorzugen würde, sind in der Psychoanalyse von Ilse erst nach und nach zum Vorschein gekommen. Noch viel länger dauerte es, bis Ilse diese quälenden Gefühle mit ihrer eigenen Geschichte verknüpfen konnte. Ilse hat einen um zwei Jahre jüngeren, einzigen, heißgeliebten Bruder. Ihrem Erleben nach bedeutete dieser Bruder dem Vater alles und sie ihm nichts. Das konnte sie anhand vieler Erinnerungen wieder nacherleben: mit dem Haß auf den Vater, der Eifersucht auf den Bruder und der Wut auf die Mutter, die ihr in ihrer Not nicht half.

Tatsächlich hatte sich Ilses Leben nach ihrer zweiten Geburt — ihr Bruder war auch der zweite — unerwartet und krisenhaft verändert. Lustlosigkeit, Verlassenheitsgefühle und Niedergeschlagenheit gefährdeten zunehmend die Beziehung zu ihrem Mann und den beiden Kindern. Durch das Auftauchen des Neides in der Therapie wurden diese frühen Gefühle und Konflikte nach und nach sichtbar, zunehmend verständlich und in der Folge bearbeitbar. — Was hier in geraffter Form dargestellt wird, hat sich über längere Zeiträume erstreckt. Im allmählichen Erkennen steckte intensive seelische Arbeit.

Es lohnt sich immer, Übertragungen zu erkennen und den Versuch zu wagen, sie aufzulösen. Übertragungen verzerren die Wahrnehmung und schränken die Erlebnisfähigkeit ein.

## Geschwister in der Adoleszenz

In der Adoleszenz erfolgt eine Festigung der eigenen Identität, insbesondere auch der Geschlechtsidentität, und sie markiert den Übergang von der Familie zum gesellschaftlichen Beziehungsraum. Unter Adoleszenten wird am Geschwister deutlich, wie ein Mädchen zur Frau, ein Knabe zum Mann wird. Frühe geschwisterliche Identifikationen bekommen in der Pubertät nochmals und verstärkt eine tragende Funktion. Erotische und sexuelle getönte Färbungen dieser Identifikationen sind möglich, zumal zärtlich-sinnliche und sexuelle Strömungen aus derselben Quelle stammen.

Die Ambivalenz des Drängens nach außen und des Verweilens drinnen, der Widerstreit zwischen Progression und Regression prägt die Geschwisterbeziehungen. Die Geschwister grenzen sich hinsichtlich ihrer adoleszenten Identitätsbildung voneinander ab und beziehen sich wechselseitig partizipierend aufeinander.[12] Insbesondere unter dem Einfluß elterlicher Erwartungen und Zuschreibungen können nahezu alle persönlichen Merkmale und Fähigkeiten von Geschwistern auch in dieser Phase, in einer anderen Variation als im Kindesalter, Rivalität, Neid und Eifersucht auslösen. Geschwister untereinander üben aber auch eine entwicklungsstimulierende Funktion aus. Sie ermöglichen Abgrenzung und Selbstwerdung (Individuation) in den Krisen der Adoleszenz, die mit Schamgefühlen, Größenphantasien, Ängsten aller Art, vor allem der Angst, erwachsen zu werden, einhergehen. In Lebensübergängen wie der Adoleszenz stehen die Geschwister und Gleichaltrigen näher beieinander als Eltern und ihre Jugendlichen. Gleichaltrige haben ein intimes Wissen voneinander und verfügen über eine gemeinsame Sprache in Worten und Gesten. Sie können sich gegenseitig unterstützen, weil sie die verborgenen Anteile voneinander so gut kennen. Sie können einander auch gefährlich werden, wenn sie dieses Wissen ausnutzen und mißbrauchen. Adoleszentes Leben vollzieht sich in horizontalen Beziehungsfeldern, wo sich Gleichaltrige und Geschwister in Phantasie und Realität BegleiterInnen, StreiterInnen und Vorbilder zur Berufs- und Lebenswahl sind. Sie sind auch KonkurrentInnen, NeiderInnen und wichtige Übergangspersonen und ProbepartnerInnen zu späteren Freunden, Kollegen und Geliebten. Dieses horizontale Beziehungsfeld vermittelt ein Erfahrungspotential von Miteinander und Gegeneinander, von Wechsel- und Gegenseitigkeit, von Sehen und Gesehenwerden, das ein Leben lang als psychisches Material zur Verfügung steht und in immer neuen Variationen erprobt werden kann.

### Zwischen Wunsch und Abwehr

Die geschwisterliche Bezogenheit entfaltet sich zwischen Ähnlichkeit und Unterschied, Wunsch und Abwehr. Geschwister sind füreinander begehrte Ähnliche und ganz Andere; und sie sind in dieser starken Ambivalenz Spielgefährten, Rivalen, Geliebte und Gehaßte, Vorbilder und Hindernisse. Bewußte und unbewußte Phantasien über den eigenen Platz in der Familie, zu den Eltern und unter den Geschwistern gestalten das Erleben. Die Bedeutung des geschwisterlichen Geschehens im Feld von »ich bin wie du« und »ich bin ganz anders als du« erscheint zentral. So wird die enge Verquickung von Bedrohung und Belebung verständlich, die Geschwister ein Leben lang begleitet und sie immer wieder als das Unheimliche in der Heimlichkeit anrührt. Die Bewußtmachung wird zum lebenslangen Prozeß. Der Bruder und die Schwester sind und bleiben Teile von einem selber, in inneren und äußeren Ähnlichkeiten und Unterschieden erkennbar, aus Überlebensgründen früher abgewehrt, aus Sehnsucht später wieder bewußt gesucht.

Erwachsene bedürfen im Lauf ihres Lebens immer wieder der Klärungen der Geschwisterbeziehungen bzw. der geschwisterähnlichen Beziehungen. Dies betrifft ganz wesentlich das mittlere und ältere Erwachsenenalter, wo die Mutter- und Vaterfiguren im familiären und übertragenen Sinn sterben und die Auseinandersetzung mit den Gleichaltrigen und mit dem eigenen Älterwerden wichtiger wird. In der Besinnung auf die längsten Beziehungen im Leben, die Geschwister, taucht oft unerwartet im mittleren Lebensalter die Sehnsucht auf, mit ihnen wieder in Kontakt und Austausch zu treten. Zum Prozeß des Älterwerdens gehören das Relativierenkönnen früherer, in der Kindheit wichtiger und identitätsbildender Unterschiede und das Besinnen auf die heute altersgemäßen Ähnlichkeiten und Gemeinsamkeiten. Das erleichtert ein Zugehen auf die Geschwister.

Oftmals wird die Wiederannäherung von Geschwistern im Erwachsenenalter durch äußere Gründe wie Tod der Eltern, Krankheit eines Geschwisters oder durch Erbschaftsangelegenheiten zu einem Zeitpunkt notwendig, in dem die innere Bereitschaft noch nicht vorhanden ist. In diesem Fall stellt sich die Frage, ob die äußere Verpflichtung auch die innerliche Bereitschaft fördern kann, im jetzt erwachsenen Geschwister einen gleichwertigen und ebenbürtigen Menschen zu erkennen, der sich ebenfalls seinen Platz im Leben geschaffen hat. Natürlich erwecken familiäre Pflichten auch früher geltende Verpflichtungen und Loyalitäten wieder zum Leben. Es wird in der Folge immer wieder die Rede davon sein, wie erwachsene Geschwister diese Hürden meistern können.

In solchen Situation tauchen immer wieder Erinnerungen auf an das früher, am ursprünglichen und unwiderbringlichen Ort in der Familie Erlebte. Das geschwisterliche Begehren sucht und schafft sich im Erwachsensein andere und neue Orte neben und jenseits dieser früheren

Unwiederbringlichkeit. Neben die Geschwister stellen sich Freunde und Freundinnen, Kollegen und Liebespartner. Frauen und Männer, Schwestern und Brüder stehen einander gegenüber oder stehen nebeneinander, nehmen einander bewußt wahr, sind von unbewußten Phantasien geprägt und sind alle gleichermaßen dem Leben und dem Tod preisgegeben. Das ist eine zutiefst verbindende Phantasie, die vor allem in Übergangsphasen und im Älterwerden eine gemeinsame Realität enthält. Das weitgehend unbewußte und doch spürbare Dunkel von Schuld und Bedrohung tragen die Schwester und der Bruder je in ihrem eigenen Inneren aus. Es findet nicht mehr in der gegenseitigen Projektion, in Vorwurf und Beschimpfung statt. Dann erst kann es möglich werden, daß Geschwister sich ihre Gefühle mitteilen, sie austauschen, ohne eine Reaktion einfordern zu müssen. Durch diese Eigenverantwortung werden lebendige und anerkennende Beziehungen unter Geschwistern und Gleichwertigen erst möglich.

Geschwisterbeziehungen bewegen sich auch im Erwachsenenalter zwischen Wunsch und Abwehr. Den Wünschen nach Nähe und Gemeinsamkeit, Lebendigkeit und Gleichsein stehen die unterschiedlichsten Abwehrformen gegenüber: Neid, Eifersucht, Abwertung, Gleichgültigkeit, Aggression. Abwehr schafft Distanz. Je mehr wechselseitige Teilhabe sich Geschwister zutrauen, desto eher können sie schwierige Gefühle aushalten und teilen. Das bedeutet bereits einen Schritt aufeinander zu. Grundsätzlich kann man sich allen Menschen von der Wunschseite oder eben von der Abwehrseite her nähern. Das gilt insbesondere für die Geschwister und ihre Beziehungen.

## Vergegenwärtigung II

Ältestes, mittleres oder jüngstes Geschwister oder Einzelkind zu sein fühlt sich ganz unterschiedlich an. Es kann das Leben entscheidend prägen.

Geschwisterphantasien, früher und heute – sie schaffen das, was in der Realität nicht vorkommt.

In anderen Menschen seine Geschwister zu erkennen ist eine gute Möglichkeit, sich selber besser kennenzulernen und die anderen in ihrer Einzigartigkeit wahrzunehmen.

Wunsch und Abwehr, ein magisches Paar, spielen in den Geschwisterbeziehungen eine überragende Rolle.
Im Erkennen der Wünsche und im Überwinden und Verwandeln der Abwehr gewinnt das geschwisterliche Sein an Lebendigkeit.

# 3. Es ist nicht mehr klar, wer von wem lernt

> *»Da siehst du's, du bist doch meine Schwester!«*
> *»Nein, ehrlich nicht. Ich habe nur meine Rolle gut gelernt.«*
> Marie Farré

Wir alle haben unsere Vorstellungen darüber, was und wie, von wem und wann wir gelernt haben – in der Kindheit, in der Jugend und als Erwachsene. Wenn wir unsere Geschichten austauschen, staunen wir über die Vielfalt dieser Lernerfahrungen. Eltern und Ältere, Geschwister und Gleichaltrige und unsere eigenen Kinder waren und sind daran beteiligt. Wir haben vieles und Unterschiedliches von ihnen gelernt. Und heute ist das Lernen mit denselben Personen wiederum ein anderes als früher. Es lohnt sich, einen Blick auf dieses Lernpanorama zu werfen. Geschwister spielen darin eine wesentliche Rolle.

## Halten und loslassen

Eine Mutter erzählt: »Als meine Kinder neun und zehn waren, liefen sie beide begeistert Rollschuh. Eine Freundin lieh mir eines Tages ihre Rollschuhe zum Ausprobieren. Meine Kinder nahmen mich in die Mitte, und so rollten wir zu dritt davon. Es war sehr schön, links und rechts von meinen Kindern gestützt zu werden auf meiner ersten Fahrt. Ich sagte zu den beiden, so hätten sie laufen gelernt, in dem ich sie gestützt hätte wie sie jetzt mich. Da erwiderte die Tochter, nein, laufen hätte sie erst gelernt, als ich sie losgelassen habe. Und der Bruder stimmte ihr begeistert zu, ja, genau so war's.«

In dieser Sequenz, die die Mutter erzählt, lernt sie von und mit den Kindern. Sie lernt Rollschuhlaufen, und sie erfährt, daß ihre Kinder eine anderes Bild haben vom Laufenlernen als sie selbst. Hatte sie bisher geglaubt, sie hätte durch Halten und Stützen ihre Kinder laufen gelehrt, weiß sie nun, daß für die Kinder das Loslassen und Freiwerden viel wichtiger ist in der Erinnerung. Der Bruder stimmt der Schwester »begeistert« zu; die Geschwisterbande unterstützt sich gegenseitig. Das Gespräch brachte es an den Tag und ermöglichte beiden Seiten im befreienden Lachen eine Verständigung. Lernen durch Halten, also durch Tun, entspricht einer anderen Vorstellung als Lernen durch Freiwerden und Losgelassenwerden. Beides hat zu seiner Zeit seine Berechtigung. Es braucht den Dialog zwischen den Jüngeren und den Älteren, um sich in der Betrachtung derselben Sache zu verständigen. Es ist nicht nötig, daß beide Seiten dieselben Bilder in sich haben. Aber die Verständigung darüber ist lehrreich. Sie ist sogar notwendig für ein gemeinsames Weiterleben und Weiterwachsen.

Das Halten und Gehaltenwerden spielt vor allem in der frühen Beziehung zwischen Eltern und Kindern eine überragende Rolle. Kinder brauchen das Gehaltenwerden, immer wieder, um zu sich selbst und zur Welt ein Gefühl des Vertrauens zu entwickeln. Doch zum Halten gehört das Loslassen, zum Gehaltenwerden das Losgelassenwerden. Es mag sein, daß die Eltern vor lauter Halten manchmal das Loslassen vergessen. Da ist es dann die Aufgabe der Jungen, den Eltern und den »Älteren«, also anderen Erwachsenen zu sagen, was sie in bestimmten Situationen brauchen. Die wechselseitige Dialogfähigkeit ist entscheidend. War es früher die gängige Meinung – auch in der Wissenschaft –, daß Kinder ausschließlich von ihren Eltern und Älteren lernen, so wissen wir heute, daß Kinder und Jugendliche mindestens ebenso prägend von ihren Gleichaltrigen lernen wie Erwachsene übrigens auch. Alle Altersgruppen lernen entscheidend von ihren Gleichaltrigen, von jenen, die derselben Generation angehören und ähnliche Erfahrungen machen.

Die Entwicklungspsychologie hat die Rolle der Eltern lange Zeit zu einseitig und zu isoliert von anderen Einflüssen betrachtet. Inzwischen ist der Blick differenzierter geworden. Erziehung ist heute weniger der einseitige Eltern-Kind-Einfluß als ein ganzes Set von miteinander verflochtenen Vorgängen mit den unterschiedlichsten Aspekten. Natürlich prägen Eltern und Kinder einander im gemeinsamen Zusammenleben. Es ist eine wechselseitige Prägung. Halten und Loslassen, Antworten und Fragen sind gleichermaßen wichtig.

## Wer lernt von wem?

Nach rund fünfzigtausend Jahren Menschheitsgeschichte können wir uns die Frage stellen, wie das Lernen in diesen Jahrtausenden bis zum heutigen Tag konkret vonstatten gegangen ist. Die Kulturanthropologin Margaret Mead stellt drei Formen der Kulturvermittlung über die Menschheitsgeschichte hinweg fest. Sie tragen gleichzeitig auch den Formen des familiären Lernens Rechnung. In der *postfigurativen* Kultur lernen die Kinder primär von ihren Vorfahren und *nach* Vorbildern. In der *kofigurativen* Kultur lernen sie vorwiegend von und *mit* den Gleichaltrigen und Ebenbürtigen. In der *präfigurativen* Kultur lernen Kinder und Erwachsene miteinander; oftmals die Erwachsenen von den Kindern, die schon weiter in der Zukunft stehen als die Erwachsenen.[13]

Gehen wir nun auf diese drei Lernformen ein. Die postfigurative Kulturübermittlung fand zur vor-technischen Zeit statt. In dieser Kultur konnten sich die Älteren keinen Wandel vorstellen, und sie vermittelten ihren Nachfahren einen eigenen Begriff von ungebrochener, wandlungsfreier Kontinuität. Mangels schriftlicher Überlieferung mußte jeder Wandel mit dem Bekannten in Einklang gebracht werden. Mindestens drei Generationen lebten zusammen in einer als selbstverständlich anerkannten Gesellschaft. Die Heranwachsenden wurden zur bedingungslosen, wenn auch nicht unbedingt konfliktlosen Übernahme des von den Eltern und Älteren grundsätzlich anerkannten Tradierten herangezogen. Es war ein verordnetes, autoritäres Lehren, das die äußeren Einflüsse und Veränderungen assimilierte und sich durch einen Ausschluß von Zweifel und Fragen auszeichnete. Die Älteren waren die Wissenden und die Mächtigen, und eines Tages sollten die Jüngeren an ihre Stelle treten. In einer Gesellschaft des Wandels ist dieses Vorbild- und Nachahmungslernen nur mehr bedingt möglich. Wir werden weiter unten darauf eingehen, wie das postfigurative Lernen in der Familie stattfindet.

In der kofigurativen Kultur – heute – lernen die Jungen wesentlich von ihren Altersgefährten, den Gleichaltrigen, vielfach noch in den Vorgaben und Formen der Älteren, aber geprägt von den Fragen und Anliegen der Jüngeren. »Die Kinder müssen kundtun können, daß das Haus kalt ist und daß da und dort der Wind hineinpfeift. Noch ist der Vater derjenige, der mit seiner Kraft und Geschicklichkeit den Baum fällen und ein anderes, ein wirklich neues Haus bauen kann.«[14]

Die präfigurative Kultur bedeutet, daß Kinder für eine noch unbekannte Zukunft zu lernen haben. Gegenwartsgestaltung und Zukunftsplanung bedürfen der gemeinsamen Anstrengung von Älteren und Jüngern. Die Entwicklung präfigurativer Kulturen hängt von der wechselseitigen Dialogfähigkeit ab. Die Jungen, deren Existenz am weitesten in die Zukunft vorgreift und sie präfiguriert, entfalten Ideen und Initiativen, und die Älteren geben ihr Erfahrungswissen dazu, um gemeinsam den Weg in diese unbekannte Zukunft zu gestalten.

Margaret Mead war überzeugt davon, daß sowohl das Lernen von und mit Geschwistern und Gleichaltrigen als auch die Imagination der Zukunft durch die Jungen unsere Zeit prägen. Eltern, die meinen, sie könnten ihre Kinder in vorgezeichnete Bahnen lenken, stellen sich diesem partnerschaftlichen Lernen in den Weg.

Wie lernen kleine Kinder? Aus ihrer physischen Kleinheit schauen sie notgedrungen hinauf zu den Eltern und älteren Geschwistern. Diese wissen aus Erfahrung, was man tut oder lieber läßt, um nicht umzufallen, sich nicht den Mund zu verbrennen oder um heil über eine verkehrsreiche Straße zu gelangen. Die Kleinen sind angewiesen darauf, von den Älteren zu lernen. Das sind Elemente des postfigurativen Lernens, die beim Aufwachsen der Kinder in der Familie immer noch eine Rolle spielen.

Geschwister lernen voneinander. Da sie nicht gleichaltrig sind – selbst die wenigen Minuten Altersdifferenz bei Zwillingen und Mehrlingen können eine Rolle spielen –, gibt es Ältere und Jüngere, Erfahrene und weniger Erfahrene. Für gewisse Fertigkeiten im Leben brauchen die Jüngeren die Älteren, aber nicht ausschließlich. Kinder haben ein intuitives Gespür dafür, was sie besser wissen als die Älteren. Was unsere heutige Zeit einzigartig prägt, ist der enorme technische und soziale Wandel. Er hat unter anderem zur Folge, daß das Lernen von den Eltern und Älteren mehr und mehr in den Bereich der ersten Lebensjahre zurückgedrängt wird, wo der kleine, noch in viele Bereichen unselbständige Mensch des Vorbilds bedarf. Die Kinder wachsen schon in frühen Jahren mit einer großen Selbstverständlichkeit in die schnelle Welt des Wandels hinein. Sie haben nie etwas anderes erlebt und tun sich oft leichter damit als die Älteren. Und Eltern lernen eine ganze Menge von ihren Kindern, wenn sie dafür offen sind.

Wir befinden uns heute in einer Zeitepoche, in der post-, ko- und präfigurative Lernformen nebeneinander existieren wie noch nie zuvor. Die Jugendrevolten der späten sechziger Jahre markierten eine neue gesellschaftliche Phase und den Ausdruck eines veränderten Lebensgefühls. Zugleich war durch die gesellschaftliche Entwicklung vieles unsicher geworden: das eigene Leben, die Familie und der Beruf. Die alten Lebensmodelle und Lernformen griffen nicht mehr. Die Jungen vertraten und vertreten mit einer großen Selbstverständlichkeit die aktuelle Zeit. Mit ihrem Lebensgefühl und ihren Moden haben sie die heutige Zeit auf eine Art geprägt, daß es heute vielfach die Älteren sind, die »jung« sein möchten und sich dementsprechend den Jungen anpassen. Es ist nicht mehr klar, wer von wem lernt.

## Lernen von Gleichaltrigen

In unserer westlichen Gesellschaft hat das Lernen von Gleichaltrigen erst in diesem Jahrhundert und vor allem in der Folge der Jugendunruhen einen anerkannten Platz erobert. Vorher war der Einfluß von Gleichaltrigengruppen unterschätzt und immer wieder verdrängt worden. Er wurde selten für die Erziehungsziele der Eltern und Älteren herangezogen und wirkte deshalb in unvorhersagbarer Richtung.

Heute wissen Eltern und Ältere, daß sie das einzelne Kind nicht beeinflussen können, ohne seine Stellung innerhalb der Gruppe der Gleichaltrigen zu berücksichtigen. In einer Zeit, in der die Geschwister zahlenmäßig im Abnehmen begriffen sind, werden die Gleichaltrigen notwendiger zur Auseinandersetzung unter Zeitgenossen. Zeithorizonte prägen auf eine spezifische Weise. Mit den Zeitgenossen werden lebenslang vergleichbare individuelle und gesellschaftliche Entwicklungen durchlebt. In dieser Gemeinsamkeit liegt eine große Anziehungskraft der Gleichaltrigengruppe, der sogenannten »peer group«. Ein »peer« ist allerdings mehr als nur ein Mensch ähnlichen Alters. Das Wort »peer« ist altfranzösischen Ursprungs und wurde von »per«, später »pair« abgeleitet. Es bedeutet Gleichsein, von gleichem Wert, Rang und Status sein.[15] In der Gegenwart der Geschwister und Gleichaltrigen liegt die ganz besondere und einzigartige Wahrnehmungsmöglichkeit des Gleichen und Andern als des Gleichwertigen, Ebenbürtigen.

Die Gleichaltrigengruppen wurden in den letzten Jahrzehnten zunehmend wichtiger, weil sich die Funktionen der Familie und die Familien selbst veränderten. Die soziale und geographische Mobilität von Familien ist wie nie zuvor gestiegen. An die Stelle der zweigenerationellen Kleinfamilie mit Mutter, Vater und Kindern ist eine Vielfalt von Familienformen und Fortsetzungsfamilien getreten mit leiblichen und nicht-leiblichen Kindern, mit Eltern und Kindern unter verschiedenen Dächern. Die Gleichaltrigengruppen werden dadurch als sozialer Orientierungs- und emotionaler Sicherheitsfaktor wichtig, beispielsweise in der Gestaltung von Kontakten bei familiären Veränderungen und Ortswechseln. Das betrifft auch die Geschwister wesentlich, denn ihnen ist gemeinsam, daß sie sich mit den elterlichen Entscheidungen zu arrangieren haben. Dies fällt ihnen leichter, wenn sie sich untereinander orientieren können. Im Bildungsbereich werden Gleichaltrigengruppen zunehmend als Lern- und Selbstorganisationsgruppen genutzt. Auch in der Drogenprophylaxe in den Schulen wurde erkannt, daß speziell geschulte Mitschüler wirksamer Informationen abzugeben vermögen als Lehrpersonen. Die Gleichaltrigen wirken vertrauenswürdiger und motivierender.

## Wer hat Angst vor wem?

Angst erschwert das Leben, das Zusammenleben und den Dialog. Ein besonderer Aspekt des Generationskonfliktes soll an dieser Stelle aufgegriffen werden: die Angst der Eltern vor dem Kind.[16] Es ist ja nicht so, daß allein die Kinder sich vor den Eltern und ihrem Zugriff ängstigen. Die Angst der Eltern vor der Triebhaftigkeit und Lebendigkeit der Kinder ist ebenso gegeben und heute unübersehbar geworden. Unersättlichkeit und Unkontrollierbarkeit, Ungestümheit und Ungeduld der Kinder bringen den Alltag der Eltern aus den Fugen. Die Angst, gar Scham, als Eltern zu versagen, gehört zum Elternsein, zumal dann, wenn die Eltern meinen, sie müßten alles wissen und können. Allerdings findet diese Elternangst im Erziehungsdiskurs noch lange nicht ihren angemessenen Platz, sondern wird oft erst wahrgenommen, wenn sich Angst in elterliche Gewalt verwandelt hat. Eltern leiden an Ohnmachtsgefühlen gegenüber ihren Kindern auch durch den Nachhall der eigenen frühen Erlebnisse. Diese kindlichen Ohnmachtsgefühle, die in keiner Kindheit fehlen, mag sie noch so behütet sein, wurden im früheren Macht- und Erziehungsmonopol der Eltern und Älteren lange Zeit relativ wirksam gezähmt. Davon können wir heute nicht mehr ausgehen. Elternangst bezieht sich auf die Kinder und auf ihre Gleichaltrigen. Die Geschwister und die Peers üben untereinander einen spür- und wirksamen Einfluß aus, der demjenigen der Eltern auch einmal zuwiderlaufen kann.

Das führt Eltern dazu, aus ihrer Angst heraus die Geschwister zu spalten, um sie besser zähmen zu können. Dieses Prinzip des »teile, um besser herrschen zu können«, bringt die Geschwister auseinander und unterläuft die geschwisterliche Solidarität. Elternangst schmälert und bedroht den geschwisterlichen Zusammenhalt. Im Interesse des Wohls der Geschwister wird deshalb zur brennenden

Frage, wie die Angst der Eltern vor den Kindern vermindert werden kann. Das Wissen darum, daß alle von allen lernen können, wird hier eminent wichtig.

Dank der modernen Säuglings- und Kleinkindforschung wissen wir heute, daß bereits Säuglinge viel mehr können, als man früher wahrhaben wollte. Sie sind beziehungs- und kommunikationsfähig und damit schon im frühesten Alter dialogfähig. Sie können vieles auch noch nicht: laufen, sprechen und sich mit Nahrung versorgen. Deshalb brauchen Kinder Eltern. Aber sie brauchen keine omnipotenten Eltern, die ihre eigenen Ängste schamvoll verbergen oder ausagieren, sondern Eltern, die untereinander und mit den Kindern kommunizieren und die mit ihren eigenen Schwächen und Stärken umgehen können. Dasselbe gilt auch in der Schule für die Lehrkräfte. Wenn Gefühle der Eltern und Lehrkräfte untereinander und mit anderen Eltern und Kollegen aussprechbar und austauschbar werden, dann wachsen auch die Möglichkeiten, sich der Angst und Ohnmacht, der Schuld und Scham zu stellen und damit einen Umgang zu finden.

Das Wissen darum, daß Kinder auch von Kindern lernen können, dürfte den Eltern und anderen Erwachsenen eine Entlastung darin bringen, nicht selber alles leisten zu müssen. Gleichzeitig werden damit die Geschwister- und die Peer-Ebene wirksam unterstützt. Was die Kinder von den Eltern lernen können, steht gleichwertig neben dem, was sie von den Gleichaltrigen lernen können, weil es um unterschiedliche Lerninhalte und Formen geht. Möglicherweise gelingt der Dialog zwischen den Generationen besser, wenn das Lernen innerhalb der eigenen Generationsgruppen gelingt. Damit wird die Geschwister- und Peer-Ebene nicht nur gewürdigt, sondern auch gestärkt.

## Geschwisterliches Lernen

Lernen impliziert häufig ein Gefälle. Ältere Geschwister tendieren oft dazu, fast alles besser zu wissen als die jüngeren. Wenn wir jüngeren Geschwistern zuhören, merken wir, daß es solche gibt, die gern und gut von den älteren gelernt haben. Es gibt aber auch jüngere Geschwister, die nie gegen die älteren ankommen konnten, selbst wenn sie meinten, selber auch wichtige Erfahrungen gesammelt zu haben. Zum Lernen von den Geschwistern können uns alle älteren und jüngeren Geschwister viele unterschiedliche Geschichten erzählen.

So berichtet eine jüngere Schwester: »Mir fällt ein, daß ich immer dachte, meine Schwester habe in allem recht, weil sie die ältere ist. Manchmal kamen mir zwar Zweifel. Wenn ich sie zu äußern wagte, wurde ich zurechtgewiesen von ihr. Sie sagte dann, ich verstünde noch nichts davon, ich sei die Jüngere. Sie wisse es besser. Wir haben einen Altersabstand von knapp eineinhalb Jahren, und sie ärgerte mich immer damit, daß sie sagte, sie sei zwei Jahre älter als ich. – Es wäre mir als Kind nie in den Sinn gekommen, daß meine Schwester von mir etwas lernen könnte. Jetzt erinnere ich mich daran, daß meine Schwester sehr neugierig war. Manchmal merkte ich, daß sie in meinem Zimmer herumschnüffelte und in meinen Büchern geblättert hatte. Einerseits machte mich das wütend, andererseits fühlte ich mich dadurch aufgewertet und interessant. Sie hat mich nie darum gebeten, ihr eines meiner Bücher auszuleihen. Ich glaube, sie konnte einfach nicht dazu stehen, daß ich als Jüngere auch etwas zu bieten habe. Sie hat dann jeweils gesagt, sie lese gar nicht gern. Ich habe ihr das nie geglaubt, aber ich konnte es nicht beweisen.«

Diese jüngere Schwester hat unter ihrer älteren Schwester gelitten. Noch als erwachsene Frau hat sie allergisch reagiert auf Menschen, die sich als Ältere und Erfahrenere ausgegeben haben. Daß sie dieses Muster in einer günstigen Lebenssituation erkennen und mit der Schwester schließlich auch teilen und überwinden konnte, wertet sie heute als Glücksfall. Es ist dies ein spätes, aber gelungenes Beispiel für geschwisterliches Lernen im Erwachsenenalter. Das kann geschehen, wenn der so einleuchtende, früher augenfällige Maßstab des Altersunterschiedes nicht mehr so wichtig ist. Dann kann sichtbar werden, was eine Schwester von einer Schwester, ein Bruder von seiner Schwester, ein Bruder von seinem Bruder lernen kann. Die Variationen reichen vom Verstehen der Geschlechtsunterschiede über die wesensmäßigen Eigenarten bis zu den besonderen Vorlieben und Begabungen. Alle diese Eigenschaften können lernend genutzt werden im Erkennen und Wahrnehmen, im Bewundern und Beneiden, im Nachahmen und in der Abgrenzung.

Das Lernen im geschwisterlichen familiären Kreis steht im Zeichen von Selbstbehauptung und Selbstwerdung. Es muß eine eigene Identität erarbeitet werden. Das macht Abgrenzungen von den anderen ein Stück weit notwendig.

Ein mittlerer Bruder mit zwei älteren und zwei jüngeren Geschwistern äußert dazu: »Wenn ich länger über meine Geschwister nachdenke und die einzelnen vor meinem inneren Auge sehe, dann fällt mir zu jedem viel ein. Vor allem waren aber meine beiden älteren Geschwister wichtig in meiner Kindheit und Jugendzeit. Meine älteste Schwester war und ist meine Lieblingsschwester. Ich fand es ungeheuer interessant, wie sie vom Mädchen zur Frau wurde. Ich glaube auch, daß sie mein Frauenbild wesentlich geprägt hat. Es war mir auch ganz wichtig, ihr meine Freundinnen vorzustellen und ihren Rat einzuholen. Noch heute habe ich zu ihr den intensivsten Kontakt.

Mit meinem um ein Jahr älteren Bruder habe ich viel gespielt und gestritten. Ich habe meine ganze Freizeit mit ihm verbracht, viel mit ihm rivalisiert, und zusammen haben wir die Welt kennengelernt. Bei meinen beiden jüngeren Brüdern muß ich mir Zeit nehmen, über sie nachzudenken, und mich bemühen, sie auseinanderzuhalten. Sie waren einfach die zwei Kleinen, die mich nicht sonderlich interessierten. Sie waren mir zu klein. Wenn ich jedoch den Kleinsten vor mir sehe, früher und heute, dann verdanke ich seiner spontanen Art viel. Er hat mir nie im Leben etwas nachgetragen, obwohl er dazu Grund gehabt hätte. Es tut mir auch heute gut, ihn zu sehen. Der Zweitjüngste ist ein phantastischer Klavierspieler. Das hat sich schon früh angedeutet und hat mir angst gemacht. Ich war froh, daß er acht Jahre jünger war, und ich habe ihn gar nie richtig wahrnehmen wollen als Kind und auch danach nicht.«

Interessant und bezeichnend ist bei dieser Geschichte, daß sich dieser Bruder bewußt um die Würdigung jedes seiner Geschwister bemüht, daß es ihm aber auch heute noch nicht leichtfällt. Wenn er spontan über seine Geschwister nachdenkt, gelangt die geliebte, ältere Schwester ins Blickfeld, dann der Bruder und summarisch die beiden Kleinen. Diese Wahrnehmung ist nicht nur typisch für diesen Bruder und Mann, sondern typisch für uns alle. Wir beschäftigen uns gerne mit denen, die wir lieben und bewundern und die diese Gefühle erwidern. Sie bestärken, ermutigen und erfreuen uns. Es wird ganz klar, was wir von ihnen gelernt haben. Die anderen, jüngeren, die die älteren entthront haben, werden gerne in den Hintergrund geschoben. Wir leiden dann unter Erinnerungstrübung, Erinnerungslücken oder mimen Gleichgültigkeit. Doch Geschwister sind sich nie gleichgültig: Das ist ein Leben lang die große Herausforderung und die Lernchance unter Geschwistern. Die frühen Erlebnisse werden ein Leben lang in inneren Bildern in uns getragen. Es gibt jedoch im späteren Leben durchaus Korrekturmöglichkeiten der frühen Erlebnisse. Geschwister lernen ein Leben lang voneinander, wenn sie dafür offen sind. Daß die Älteren von den Jüngeren lernen, auch bei Geschwistern, gehört zum Aufwachsen. Schon dann und erst recht danach lernen alle von allen, auch wenn sie sich dessen nicht bewußt sind.

Eine jüngere, aber nicht jüngste Schwester berichtet: »Wir sind jetzt alle im mittleren Lebensalter. Da hat sich unter uns Geschwistern vieles verändert gegenüber früher. Was heute zwischen uns zählt, sind die Lebenserfahrungen, die wir alle in den letzten Jahrzehnten gemacht haben. Bei meiner Scheidung habe ich sehr den Kontakt zu meiner jüngsten Schwester gesucht. Sie hat ihren Mann vor zehn Jahren durch plötzlichen Tod verloren. Ihre Erfahrungen waren ganz wichtig für mich, um wieder auf meine eigenen Beine zu kommen. Nun ist mein ältester Bruder in der Situation der bevorstehenden Trennung von seiner Frau. Es tut mir gut, daß er mich ab und zu anruft, um anstehende Fragen mit mir zu diskutieren. Das ist eine neue Erfahrung für mich. Wie gut, daß wir erwachsen geworden sind.«

## Wenn die Sehnsucht nach dem Schutz von oben zu groß ist

Nicht immer gelingt geschwisterliches Lernen. Manchmal können sich die Geschwister untereinander wenig nützen. Sie sind zwar da, aber der Blick ist nach oben, zu den Eltern und »Oberen« gerichtet. Das Lernen von den Geschwistern allein gibt zu wenig Halt. Die permanente Auseinandersetzung mit den eigenen Ängsten und Unsicherheiten läßt immer wieder auf den Ratschlag und Schutz von oben hoffen.

Dazu folgendes Beispiel: Robert ist ein junger Mann, einundzwanzig Jahre alt, Bruder zweier jüngerer Schwestern, der unter großen Existenzängsten leidet und deswegen in Therapie kommt. Er absolviert eine Lehre als Altenpfleger und ist kürzlich von seiner alleinerziehenden Mutter und den Schwestern weg in eine eigene Wohnung mit einem Kollegen gezogen. Doch das Erwachsenwerden versetzt ihn immer wieder in Angst und Panik. Eine Jugend lang hat er sich bei seiner Mutter, nach seinen Aussagen vergeblich, nach Anerkennung und Schutz gesehnt. Den Vater, den er nie kennenlernte, hat er vermißt. Seit Beginn der Pubertät sucht er in einer streng hierarchischen religiösen Gemeinschaft Zuflucht und ein Zuhause. Bei einem seiner Telefonate mit der Mutter kurz nach seinem Auszug von zu Hause erlebt er, wie er berichtet, Erschreckendes. Sie redet zu ihm als erwachsenem Mann, respektiert seine Entscheidung, allein zu wohnen, und redet mit ihm von gleich zu gleich. Nun erzählt er mit Tränen in den Augen, daß er seine Mutter verloren habe, ihren Schutz, der immer auch Entwertung bedeutete, ihre Stütze, und daß er nun allein sei. Meine sachten Erläuterungsversuche, daß er nun endlich die Anerkennung der Mutter habe, die er sich wünschte, und daß sie nun einen andern Schutz, eine andere Stütze bedeute für ihn als nun Erwachsenen, aber daß er sie dadurch nicht verliere, dringen nicht durch seinen Trauerschleier zu ihm durch. Robert wird in der Folge ernstlich krank und absolviert einen langen Suchweg; Ärzte, Gott und andere Autoritäten sollen ihm den Weg zeigen.

Ich habe in der Therapie mit Robert drei Jahre lang an seinen Ängsten gearbeitet und gleichzeitig versucht, seine gesunden Anteile zu würdigen. Dazu habe ich ihm den Spiegel des jungen Mannes vorgehalten, der in seiner Lehre erwiesenermaßen gut arbeitet und sein eigenes privates Leben in die Hand nimmt. Es gab für ihn in dieser Zeit sehr wenige gleichwertige, horizontale Beziehungen, die ihm Anregung und Halt gaben, keine Freunde, kaum Kollegen. Seine Schwestern und sein Mitbewohner gingen ihre eigenen Wege. Roberts Blick blieb nach oben gerichtet, und er lebte deshalb größtenteils in dieser religiösen Gemeinschaft. Robert hat auch dort durchaus »Geschwister«. Aber er kann diese Beziehungen nicht für seine eigene Stärkung nutzen. Seine Sehnsucht nach Autorität und nach Schutz von oben ist immens groß. Er wagt immer wieder mutige Schritte und erschrickt selbst vor seinem Mut. Es ist sein tiefer Wunsch und zugleich sein großer Schrecken, zum freigelassenen Sohn und zum erwachsenen Mann zu werden. Es wird sich zeigen, ob Robert sich eines Tages zutrauen kann, Bruder und Freund und gleichwertiger Erwachsener zu sein.

## Geschwisterliches Lernen erfordert Raum und Zeit

Wovon hängt es ab, ob ein Kind später schüchtern oder draufgängerisch, zurückgezogen oder gesellig, müßiggängerisch oder zupackend wird? Sind es die Gene, sind es die Eltern und ihre Erziehung, sind es die Geschwister und Gleichaltrigen? Aufgrund der vielfältigen Beispiele aus Alltag und Therapie und der großen Anzahl von wissenschaftlichen Untersuchungen, die uns heute zur Verfügung stehen, fällt eine eindeutige Antwort nicht leicht.[17] Kinder bringen ihren prägenden genetischen Vorrat mit, lernen von den Eltern und lernen voneinander – aber reicht dieses Wissen für eine befriedigende Erklärung aus?

Geschwister und Gleichaltrige lernen voneinander. Selbst im undenkbaren Fall absoluter Gleichbehandlung der Kinder durch die Eltern wären die Kinder immer noch überzeugt, daß der eine oder die andere von ihnen vorgezogen werde. Das Beste, was Eltern ihren Kindern vermitteln können, ist ein Gefühl von Fairneß, Offenheit und Anerkennung jedes einzelnen als einzigartigem.

Wenn Eltern (zu) mächtig sind, bleibt der Blick der Kinder nach oben gerichtet. Auch abwesende und fehlende

Elternpartner können in der Vorstellung übermächtig sein. Um mit und von den Geschwistern lernen zu können, brauchen die Kinder und Geschwister reife Elternpartner, die ihnen Raum und Zeit lassen, um sich zu begegnen und unter sich auszutauschen. Vielfach bedarf es, wie unsere Beispiele zeigen, des Erwachsenwerdens von Geschwistern, um zu eigener Zeit und eigenem Raum miteinander zu kommen.

Die vielfältigen und teilweise widersprüchlichen Ergebnisse über den Einfluß von Genen, Personen und Umgebungen fordern uns heraus, eigene Schwergewichte zu setzen. Wohl wissend um andere Einflüsse, möchte ich dennoch in diesem Buch den geschwisterlichen und »ersatzgeschwisterlichen« Banden im familiären und sozialen Bereich eine ganz besondere Kraft zusprechen. Mitmenschlichkeit, Solidarität, Loyalität und wechselseitige Verantwortung sind Eigenschaften, die unter Geschwistern eingeübt und ausprobiert werden können. Geschwister sind »oft die letzten Garanten für Zusammengehörigkeit und Zuständigkeit, wenn das Erschrecken über die Kälte menschlicher Beziehungen wächst«.[18]

## Vergegenwärtigung III

Jeder Mensch hat sein eigenes Lernpanorama. Darin wird erkennbar, was er von den Geschwistern gelernt hat, wo und wie – und was andere Menschen dabei für eine Bedeutung haben – im unterstützenden und im verhindernden Sinn. Früher und heute.

Gleichaltrige – Zeitgenossen – Peers : früher und heute. Unübersehbar. Eine Realität.

Geschwisterliches Lernen hat bestimmt stattgefunden. An bestimmten Orten und in eigenen Zeiträumen.

Was ist das spezifisch Geschwisterliche, das ich in meinem Leben gelernt habe?

# 4. Geschwister werden ist oft schwer, Geschwister sein gar noch viel mehr

> »Ja, hier haben zwei gekämpft, die sich
> ebenbürtig waren«, sagte die Schildkröte.
>
> Chinua Achebe

## Ebenbürtig geboren – ebenbürtig werden

Geschwister werden als ebenbürtige Menschen geboren, *eben* auf die Welt gestellt. Aber sie sind alles andere als gleich – sie unterscheiden sich in Alter, Geschlecht, Größe, Temperament, Fähigkeiten und emotionalen Reaktionen. Geschwisterschaft ist und bleibt eine ungleiche Angelegenheit. Jedes Geschwister ist ein einzigartiges Wesen, das in eine eigene und ganz besondere Familie und Familiendynamik hineingeboren wird. Die besondere Situation der Eltern und der schon vorhandenen Geschwister im Moment seiner Geburt und danach wird sich kaum wiederholen. Bei jedem wird es anders sein, weil alle älter werden und Erfahrungen sammeln. Jedes Kind hat ein eigenes Familienbild.

Ein ältestes, mittleres oder jüngstes Geschwister, das zur Welt kommt, wird von den Eltern und den schon vorhandenen Geschwistern, wie schon erwähnt, mit meist unbewußten Phantasien und Bildern belegt und entsprechend wahrgenommen. Im besten Fall ist es erwünscht und wird erwartet. Vielleicht hat es gar das erhoffte Geschlecht; »Storch, Storch, Guter; bring mir einen Bruder, Storch, Storch, Bester; bring mir eine Schwester.« Vielleicht ist das Geschwister aber ganz anders als erwartet und erhofft, vielleicht ist es ganz eigen. Das alles prägt das Aufwachsen.

Jüngere und ältere Geschwister kämpfen in der Folge miteinander um ihren Platz an der elterlichen Sonne und um ihren eigenen Platz untereinander. Sie haben sich mit den Bildern herumzuschlagen, die von ihnen bestehen. Sie müssen sich mit den Erwartungen auseinandersetzen, die Eltern und Geschwister an sie haben, auch wenn sie unbewußt sind. Sie wirken trotzdem.

Das bekannte Sprichwort »Vater werden ist nicht schwer, Vater sein dagegen sehr.« könnte in abgewandelter Form wie oben durchaus auch für Geschwister gelten. Da wir jedoch wissen, daß bereits die Erwartung eines Geschwisters mit mannigfaltigen Phantasien belegt und auch belastet ist, gehen wir davon aus, daß bereits das Geschwister-*Werden* nicht immer einfach ist. Geschwister-*Sein* wird dann in der Folge zur lebenslangen, anspruchsvollen Aufgabe.

Jedes Geschwister wächst in seine Einzigartigkeit hinein. Wenn wir davon ausgehen, daß alle Menschen, also auch alle Geschwister, im Kern ebenbürtig sind, haben sie in diese Ebenbürtigkeit hineinzuwachsen. Im familiären Leben muß diese Ebenbürtigkeit entwickelt und behauptet werden. Geschwister tendieren nicht von Anfang an hin zur Ebenbürtigkeit. Zum Prozeß der Selbstwerdung gehören auch der Vergleich von Unvergleichbarem, der Kampf um den eigenen Platz und die Abgrenzung von den anderen um sich selber willen. Im Begriff der schöpferischen und konstruktiven Rivalität ist die Ebenbürtigkeit enthalten.

Auch der Begriff der Schwestern und Brüder im gesellschaftlichen Bereich – die Schwestern und Brüder im Geist, im Kampf, in der Religion, in der Freundschaft und Liebe, in der Pflege, im universellen Sinn – meint das Gemeinschaftliche und Ebenbürtige. Die Kehrseiten des Geschwisterlichen in destruktiver Rivalität und entwertender Abgrenzung bilden dabei die oft nicht erwähnten und nicht gewünschten Schattenseiten. Doch das geschwisterlich Ver-

bundene ist nur in der Integration von Licht- und Schattenseiten zu haben. Im Schwesterlichen und Brüderlichen im
nicht-familiären, frei gewählten Bereich spiegeln sich die
Sehnsüchte und Wünsche nach Nähe, Anerkennung, Verständnis und Ebenbürtigkeit. Es bedarf des bewußten Er-
wachsenseins, oft auch bei familiären Geschwistern, um
diese Sehnsucht nach Ebenbürtigkeit und Gleichwertigkeit
zu spüren und gestalten zu können.

## Den kurzen Hosen entwachsen

Was in der Kindheit und Jugendzeit geschieht, zeigt seine
Auswirkungen. »In den gefühlsgesättigten Gemengelagen
zwischen abgrundtiefem Haß und inniglichster Zuneigung,
inzestuös-erotischer Anziehung und körperlichen Ekelreak-
tionen, Beseitigungswünschen und selbstloser Fürsorglichkeit lagern frühe Kindheitsmuster, die jeder Anstrengung
der Vernunft trotzen und immer wieder hervorbrechen können. In der Geschwisterbeziehung treten wir auf der Stelle,
kommen wir, bildlich gesprochen, nur schwer aus dem
Sandkasten und den kurzen Hosen heraus.«[19]
Das Spiel kann jederzeit und unvermittelt in bitteren
Ernst umschlagen. Solchermaßen in die Verpflichtung des
Spiels und des Ernsts genommen, erleben sich Geschwister
durch ihre Zugehörigkeit zur selben Generation, auf der
Horizontale. Wider erklärten Willen und eigene Absicht auf
die Welt, in eine Reihe gestellt, verbunden durch das gemeinsame Merkmal derselben Generation und Familie, ent-
stammen Geschwister demselben »Stall«, haftet ihnen der-
selbe Stallgeruch an – ein Leben lang. Dieser frühere Stall
kann zur künstlerischen Werkstatt werden, in der Dichter
und bildende Künstler ihren Ausdruck suchen. Er kann aber
auch ein Leben lang muffig und eng bleiben. Das Bedürf-
nis, frühere Enge für immer und lebenslang wegzustecken

und die damit verbundenen Entbehrungen und Verletzungen zu vergessen, kann übergroß sein. Therapeutische Erfahrungen zeigen, daß sowohl die Seele als auch der Körper nichts vergessen. Frühere Erfahrungen bleiben aufgehoben und wirken weiter in Träumen und Sehnsüchten, in Beziehungsgestaltungen und Lebenserfahrungen. Der frühere Stall kann in späteren Jahren ausgelüftet und ausgemistet werden, wenn erwachsene Geschwister in den mittleren Lebensjahren eine oft unerwartet auftauchende Sehnsucht verspüren, mit ihren Geschwistern ins reine zu kommen. »Ins reine kommen« bedeutet dabei, den »kurzen Hosen« zu entsteigen und als erwachsene Person, die ihren Platz im Leben ausfüllt, endlich neben – nicht hinter oder unter – dem Geschwister zu stehen. Diese Sehnsucht im mittleren Erwachsenenalter hängt mit dem Älterwerden und Sterben der Eltern zusammen. Wenn dann die Geschwister an der Front stehen und die Ältesten sind, erwacht vielfach ein Wunsch, nun unter den Geschwistern ebenbürtig zu werden.

## Das Herstellen von Ebenbürtigkeit

Geschwister werden ebenbürtig geboren. Doch im Aufwachsen sind sie verschieden und ungleich, und sie haben sich damit auseinanderzusetzen. Das Herstellen von Ebenbürtigkeit unter Geschwistern wird zur lebenslangen Aufgabe.

Dazu möchte ich Verena vorstellen, eine Frau, die in Therapie kommt, um sich besser kennenzulernen. Sie leidet zunehmend darunter, daß sie nicht weiß, wer sie eigentlich ist, und auch andere Menschen nicht richtig wahrnehmen kann.

Verena ist 38 Jahre alt, lebt allein und ist sehr ihrem Beruf verpflichtet. Ihre zwei Jahre ältere Schwester ist ihr seit dem Auszug aus dem Elternhaus vor bald zwanzig Jahren fremd geworden. Bereits in der Kindheit und Jugendzeit waren die schwesterlichen Rollen klar verteilt gewesen. Verena war die gescheite, folgsame und problemlose Schwester, die ihren Eltern Freude bereitete. Die Schwester war ein wildes, phantasievolles Mädchen, das der Jüngeren vom oberen Kajütenbett her wundersame Geschichten erzählte, sie in eine phantastische Welt entlockte, sie damit erschreckte und verängstigte, ihr ab und zu böse Streiche spielte, die die Jüngere völlig verblüfften und auch entwaffneten. Es war ein geheimes Kräftespiel im Kinderzimmer, in dem sich Verena unterlegen fühlte, obwohl sie den Segen der Eltern spürte und wußte, daß die ältere Schwester im Gegensatz zu ihr den Eltern ein ständiges Sorgenkind war. Verenas Drama im Kinderzimmer blieb aber weitgehend ihre eigene Sache. Sie spürte, daß die Eltern sie da nicht schützen konnten, weil sie es gar nicht kannten. Und sie scheute aus ihr unerklärlichen Gründen davor, es den Eltern mitzuteilen.

Die Schwester hat dann früh geheiratet, hat drei Söhne aufgezogen und ist sehr in ihrem Haus- und Familienleben aufgegangen. Die Schwestern hatten wenig Kontakt miteinander. Verena lebte ihr eigenes Leben, engagierte sich im Beruf und litt immer wieder darunter, daß sich ihre Schwester offenbar überhaupt nicht für ihr Leben interessierte. Die wenigen Telefonate zwischen den Schwestern handelten von den drei Söhnen der älteren Schwester; wieder war die Ältere am Erzählen und hörte der Jüngeren gar nicht zu, empfand Verena. Sie zweifelte zwar an den mütterlichen Fähigkeiten ihrer Schwester und beschuldigte sie immer wieder, daß ihre Söhne so wild und haltlos seien, eben wie die Schwester auch. Trafen sich die Schwestern mit den Eltern, waren die Rollen unverändert wie eh und je. Es gab keinen direkten Kontakt zwischen den Schwestern, von Frau zu Frau.

Als die Schwester ihren vierzigsten Geburtstag feierte, fragte Verena sie nach einem Geburtstagswunsch. Sie wünschte sich, daß Verena sie besuchen komme. Verenas Erstaunen war groß. »Ich weiß gar nicht, wer meine Schwester ist«, sagte sie, »sie ist mir fremd, und wir haben noch nie miteinander über uns selber gesprochen. Aber ich spüre eine tiefe Freude darüber, daß sie mich eingeladen hat. Ich werde hingehen. Eigentlich wollte ich sie schon lange einmal besuchen, dachte aber, ich sei nicht erwünscht.« Im Vorfeld des Besuches erstand in Verena ein ganz unerwartetes Bild ihrer Schwester. Zu den Erinnerungen an das frühere gemeinsame Kajütenbett-Zimmer gesellten sich jene an eine Frau, die mit viel Elan drei Söhne aufgezogen hatte, ein Haus und einen großen Garten bewirtschaftete, berufstätig geworden war und nun eine Scheidung hinter sich hatte. Es erstand das Bild einer Frau, die ein ganz anderes Leben lebte als Verena und dadurch auf einmal ganz interessant, geheimnisvoll, auch provozierend und völlig anders erschien. Durch ihre Mutterschaft hatte diese Schwester immer wieder an geheime Sehnsüchte von Verena gerührt, die diese jeweils ganz schnell wieder wegsteckte. Nun wurde Verena auch klar, daß das ein Grund dafür war, daß ihr die Schwester – und sie sich selber – so fremd geworden war. Die Schwester lebte einen abgespaltenen Teil von Verenas Wünschen. Mit diesem neu gewonnenen Bewußtsein fingen die Phantasien wieder an zu zirkulieren, anders als früher im Kajütenbett-Zimmer. Verena fühlte sich endlich ebenbürtig mit ihrer Schwester.

»Nun habe ich eine Schwester, die so ganz anders ist, die ich interessant finde und die sich für mich interessiert. Ich möchte sie kennenlernen.«

Verena begann in den Therapiestunden von Phantasien, Bildern, Erlebnissen und Eindrücken zu sprühen. Ein Damm war gebrochen. Sie machte die neue Erfahrung, daß sie auch erzählen und phantasieren konnte. Nun konnte sie selber diese Seite leben, die vorher der Schwester gehörte und in der sie sich ihr immer unterlegen gefühlt hatte. Nun war es auch zu ihrer eigenen Sache geworden, Geschichten zu erleben und zu erzählen. Diese neue Lebendigkeit war in den Therapiestunden gut zu spüren.

Das Suchen danach, wer sie eigentlich war, hatte wirklich begonnen. Wir verlassen Verena an dieser Stelle, ohne zu wissen, wie die Begegnung mit der Schwester ausfiel. Nach meinen Erfahrungen ist im Vorfeld dieses Treffens so Entscheidendes geschehen, daß wir Verena nun getrost ihrem Besuch überlassen können.

## Zum Ringen um Trauma und Ebenbürtigkeit in Gruppen

Das Ringen um Ebenbürtigkeit findet auch in therapeutischen Gruppen statt. Es sind Gruppen von erwachsenen Menschen, die viel Gemeinsames mit Geschwistergruppen haben. Man hat sich die Geschwister auch nicht ausgewählt und ist für eine allerdings begrenzte Zeit in starkem Maß aufeinander verwiesen. Hier wird auf quasi geschwisterliche Weise gemeinsam ausgetauscht, gelitten, erfahren und gelernt.

In einer solchen Gruppe habe ich Manfred kennengelernt. Dieser 45jährige Mann, verheiratet, mit drei Kindern, leidet noch jetzt darunter, daß seine Mutter sich mehr mit seiner drei Jahre jüngeren Schwester, heute ebenfalls verheiratet, mit Kindern, abgab als mit ihm. Seine Erinnerungen gehen zurück bis zur Geburt seiner Schwester, der er eifersüchtig begegnete. Er erinnert sich daran, wie er die Schwester in den ersten Lebensjahren kratzte und biß und die Mutter lange meinte, die Schwester füge sich diese Verletzungen selber zu. Die Mutter hatte ihm einmal anvertraut, daß er in seinen ersten drei Lebensjahren ihre ganze

Freude und ihr einziger Kontakt war. Das änderte sich abrupt bei der Geburt der jüngeren Schwester. Erst jetzt, im Gruppengespräch, im Spiegel der Empfindungen und der Reaktionen der Gruppengeschwister auf seine Lebensgeschichte, realisiert Manfred, daß er damals seine ausschließliche und privilegierte Beziehung zur Mutter verloren und bis heute nicht mehr zurückgewonnen hat. Später hat er versucht, sich in den Röcken seiner Schwester zu kleiden, um seiner Mutter zu gefallen. Die Gruppenmitglieder machten Äußerungen zu Manfred, die auf seinen unbewußten Wunsch hinwiesen, der Schwester gleich zu sein und wie sie von der Mutter geliebt zu werden. Gleichzeitig manifestierten sie seinen anderen unbewußten Wunsch, die Schwester loszuwerden und seinen bevorzugten Platz der ersten drei Lebensjahre wiederzugewinnen. Manfred verstand diese Äußerungen lange nicht, obwohl sie allen anderen in der Gruppe durchaus einleuchtend erschienen. Die Mechanismen der Verdrängung blieben wirksamer. Doch die Wahlgeschwister in der Gruppe ließen nicht locker, bis Manfred aufgrund der dortigen Erlebnisse langsam an sein Trauma des »verdrängten Bruders« herankam. So wunderbar es ihm erschien, Sohn zu sein, so gräßlich fand er es, Bruder zu sein. Das wurde ihm nach und nach im Gruppengeschehen, das er auslöste, bewußt.

Später wurden für Manfred neue Beziehungen zu Gruppenmitgliedern möglich, die nicht mehr auf dem Grundgefühl des Entthronten basierten. Er konnte sich mit den in der Gruppe vorhandenen Schwestern als Bruder fühlen, ohne ständig auf den Segen der Mutter zu hoffen. Er sah nun zunehmend einen Weg, sich aus seinem Kindheitsgefängnis zu befreien.

Ob und wie es ihm außerhalb der Gruppe später möglich geworden ist, einen neuen, erwachsenen Kontakt zu seiner Mutter und zu seiner Schwester zu knüpfen, wissen wir nicht. Aber der Weg dazu war in der Gruppe freigemacht worden durch Stimmen, Blicke und Gesten auf der Geschwisterebene, in der Horizontale. In der Gruppe waren alle diese Figuren aus Manfreds Leben versammelt: die Mutter in Manfreds ersten drei Lebensjahren, die Mutter nach der Geburt der ersehnten Tochter (das gehört zu deren Geschichte), Manfred vor und nach der Geburt der Schwester, Manfred heute, die Schwester und die Mutter heute, Manfred in seiner aktuellen Verzweiflung als 45jähriger Mann. Sie saßen alle da, äußerten sich in Bemerkungen, schenkten ihm ihre Stimme, ihre Blicke und ihre Gesten, immer wieder neu. Sie taten dies mit einer großen Geduld und Hingabe, als würden sie aus eigener Erfahrung und eigenem Leiden am Nicht-gesehen-Werden als der, der man ist, spüren, wie mächtig und hartnäckig die Mechanismen der Verdrängung früheren Elends samt seinen jahrzehntelangen Auswirkungen wirken. Sie teilten seine Verzweiflung und wiesen gleichzeitig auf neue Wege des Verstehens hin, die später, dem Stall entronnen, möglich werden können.

Die reale Versöhnung kann in einer solchen Wahlgeschwistergruppe nur vorbereitet werden. Sie bedarf der Bewährung im wirklichen Leben mit den realen Personen. Doch das Wagnis zu einem solchen Schritt kann in der Bearbeitung in der Gruppe geübt werden. Im Anschluß an solche Gruppenerfahrungen fühlen sich die Gruppenmitglieder erfahrungsgemäß reicher. Jedem einzelnen wird sein eigener Erlebensreichtum bewußt, der ihm ermöglicht, seinen eigenen Verdrängungen wirksamer nachzugehen und gleichzeitig mit den anderen eigenes und anderer Leben zu teilen. Das Leiden Manfreds wurde so zum Geschenk an die ganze Gruppe. Er kann mit dem Geschenk der Gruppe, das er erfahren hat, weitergehen, auf die Schwester zu, die in seinen Phantasien und Vorstellungen durch das Gruppengeschehen »eine andere Schwester« geworden ist.

Es wird gesagt, daß der Glanz eines Meisterwerkes davon rühre, daß der Schmerz bei seiner Entstehung nicht mehr spürbar, sondern in einen geheimnisvollen Glanz transzendiert werde. Ebenso wird erlittenes Leiden in einer Gruppe, so sie gelingt, zu einem Geschenk an alle.

## Was machen wir miteinander?

Die erste existentielle Frage unter den Geschwistern lautet, wer am meisten geliebt wird von den Eltern und damit der oder die Stärkste, Schönste und Klügste ist. Das Primäre ist die Rangordnung. Erst wenn diese Aufgabe langsam zur Klärung kommt – und sie dauert in der Regel mindestens eine Kindheit lang an –, kann die nächste Frage angegangen werden. Die zweite existentielle Frage betrifft das gemeinsame Planen und Tun, was nun die Geschwister miteinander anfangen. Voraussetzung dieses gemeinsamen Planens und Tuns ist die Formung einer eigenen Identität und die Sicherung des eigenen Platzes im Leben. In der Regel kann erst nach der Klärung und Sicherung des je Eigenen das Gemeinsame angegangen werden.

Dazu möchte ich von Veronika erzählen, die ich ebenfalls in einer therapeutischen Gruppe kennengelernt habe. Veronika ist eine 38jährige Rechtsanwältin in eigener Praxis, mit Mann und zwei Kindern, das dritte wird in zwei Monaten zur Welt kommen. Sie hat sich in der Gruppe immer wieder zu den Problemen der anderen prägnant und präzis geäußert. Kontrastierend dazu argumentiert sie in gewissen Situationen aus der Position der kleinen Schwester heraus, die übersehen wird, die noch zu klein ist und noch nicht alles versteht. Das paßt nicht zu ihrer stattlichen Erscheinung als Frau, als erfahrene Fachfrau und Mutter, als Schwangere, die mit beiden Füßen auf dem Boden steht, präsent und sprachgewandt ist. Schließlich erzählt sie von ihrem älteren Bruder, der früher und auch noch heute von den Eltern bevorzugt wird. Sie ist in der Herkunftsfamilie immer noch die Kleine, die ganz viel möchte, die Kleine, die Ratschläge erhält und nicht erwachsen werden kann. Sie kann sich erinnern, wie schwierig es für sie war, von zu Hause auszuziehen und die Eltern, wie sie sagt, im Stich zu lassen. Die Eltern bedurften der Kleinen ebenso wie die Gruppe, die dankbar ist dafür, daß sie sich so einfühlend immer wieder an die Stelle der Kleinen und Jüngsten stellen kann. Gleichzeitig können ihr die »älteren Wahlgeschwister« mitteilen, wie irritierend sie sie in dieser Jüngstenrolle erleben, da sie so gar nicht zu ihrem heutigen Erscheinungsbild passe. Die Gruppe phantasiert, daß »die Kleine« ganz gerne groß würde in der Gruppe, daß sie den »älteren Bruder« herausfordern und ihm endlich einmal sagen möchte, daß auch er sich um die Eltern zu kümmern habe und daß er in ihr eine kompetente Schwester habe, die einiges zu bieten hat. Veronika beginnt zu wachsen in der Gruppe. Sie verläßt nach und nach die Position der Jüngsten und rivalisiert mit den anderen um Stärke und Anerkennung. Sie erzählt dann, daß sie an den kommenden Feiertagen erstmals ihren Bruder und seine Familie zu sich eingeladen habe ohne die Eltern, und daß er, etwas erstaunt und gleichzeitig erfreut, zugesagt habe. Sie freue sich darauf. – Ein spätere Postkarte von Veronika hat mich daran teilhaben lassen, daß der Besuch des Bruders nach einer zaghaften Anfangsphase für alle Beteiligten einen Neuanfang bedeutete.

In einer Gruppe von Quasi-Geschwistern gibt es Jüngere und Ältere, deren Rollen meist nicht übereinstimmen mit den der Gruppe vorerst unbekannten geschwisterlichen Rollen der Einzelnen. Es ist naheliegend, daß die Einzelnen in der Gruppe vorerst ihre geschwisterlich vertrauten Rollen besetzen, weil sie sich darin sicher und erfahren fühlen. Nun passen diese meist unbewußten Kindheitsrollen oft nicht mehr zu den erwachsenen Rollen, die diese Personen sich seither erarbeitet haben. Wenn Erwachsene sich in einer Gruppe zusammenfinden, dann haben sie jenseits von ihrer Herkunftsfamilie ihren Lebensplatz eingenommen. Dieser kann, zur Irritation der Gruppenmitglieder, sehr zur Rolle in der Herkunftsfamilie kontrastieren. Das haben uns Veronika und Manfred gezeigt. Damit wird das Spiel in der Gruppe möglich. Da können die Positionen vertauscht und vor allem neue Rollen erlernt und eingeübt werden. Im gruppenmäßigen Nach-Erleben und Wieder-Erleben werden Veränderungen und Entwicklungen eingeleitet, die im Selbstbild der Betroffenen langsam eine neue, der erwachsenen Identität angemessene Rolle als Geschwister ermöglichen. Diese Rolle kann in der Folge in der Gruppe erlebt, langsam integriert und gefestigt werden. Das Gruppengeschehen des »Was machen wir miteinander?« wird zum Probehandeln für das Leben danach.

Das geschwisterliche Zusammenleben wie auch das Zusammensein in einer beliebigen Gruppe bringt die Notwendigkeit ständigen Ausbalancierens von Unterschieden im Alter, im Geschlecht, in den eigenen Möglichkeiten, in den Lebensentwürfen und in den Verantwortlichkeiten mit sich. Man möchte sich ähnlich sein, gleich sein, weil dadurch Nähe und Geborgenheit entstehen und dieses »Ich bin wie du« Lücken im Selbstbewußtsein füllen kann. Man möchte aber gleichzeitig auch eine ganz andere und eigene sein, die das ihre zu diesem Leben beiträgt. Diese Ambivalenz der Gefühle ist nicht leicht auszuhalten. Die Sehnsucht nach Nähe und Verschmelzung weckt Ängste des Selbstverlustes, und die Sehnsucht nach Abgrenzung und Selbstbehauptung läßt vor dem Alleinsein ängstigen. Zur Identitätsfindung gehört das Ertragen und Aushandeln der ganzen Palette ambivalenter Gefühle. Die Selbstfindung beginnt im Geschwisterfeld bzw. unter Gleichaltrigen. Sie dauert ein Leben lang an, erneuert sich in jeder Begegnung mit einem Menschen, in jeder neuen Gruppe, in jedem Team. Immer wieder entstehen gewisse Augenblicke des gemeinsamen Einverständnisses, der gegenseitigen Anerkennung im Wissen um die Unterschiedlichkeit, die die Ebenbürtigkeit momentweise erleben lassen. Nur einen Augenblick lang – aber diese Augenblicke sind kostbar und möglich. Und die Sehnsucht danach ist groß. Sie kann nie ganz gestillt werden. Dieses Begehren hält den Wunsch nach solchen Augenblicken der Ebenbürtigkeit aufrecht, ein Leben lang.

## Die Schildkröte und der Leopard: Hier haben zwei gekämpft, die sich ebenbürtig waren

Es mag sonderbar wirken, in diesem Kontext nun eine Fabel aus dem Tierreich anzuführen. Wir Menschen betrachten uns in mitmenschlichen Belangen den Tieren oft überlegen, dem Animalischen entronnen und viel weiser. Es sei dahingestellt, ob wir es wirklich sind. Die folgende afrikanische Fabel über das Herstellen von Ebenbürtigkeit habe ich oft in quasi-geschwisterlichen Gruppen zu erzählen begonnen und die Fortsetzung von den Gruppenmitgliedern selber erfinden lassen. Lassen wir uns von der ursprünglichen Geschichte und ihren Variationen inspirieren.

»Vor langer Zeit einmal begegneten sich Leopard und Schildkröte zufällig auf einer einsamen Straße. Aha, sagte der Leopard, der seit langem versucht hatte, die Schildkröte zu fangen, endlich! Mach dich zum Sterben bereit! Und die Schildkröte sagte: Darf ich dich um eine Gunst bitten, ehe du mich tötest? Der Leopard hatte nichts dagegen einzuwenden und stimmte zu.

Gib mir ein paar Augenblicke, um mich auf den Tod vorzubereiten, sagte die Schildkröte. Und wieder hatte der Leopard nichts einzuwenden und gewährte ihr den Wunsch.

Doch anstatt stillzustehen, wie es der Leopard erwartet hatte, begann sich die Schildkröte mitten auf der Straße seltsam zu gebärden – mit Händen und Füßen kratzte und scharrte sie auf der Straße und warf den Sand wie wild nach allen Seiten um sich. Warum tust du das? fragte der verwunderte Leopard. Die Schildkröte antwortete: Weil ich will, daß die Leute, wenn sie nach meinem Tode hier an dieser Stelle vorübergehen, sagen: Ja, hier haben zwei gekämpft, die sich ebenbürtig waren.«[20]

Die Schildkröte scharrt nach Kräften, nicht um ihr Leben, denn der Leopard ist der Stärkere. Es wird kein gutes Ende für sie geben, denn sie wird besiegt werden. Diese afrikanische Fabel wird von einem alten Mann erzählt, der mit einer Delegation Ältester aus einer ländlichen Provinz in die afrikanische Hauptstadt kommt, um dort die Kampfbereitschaft seines Volkes für Autonomie mitzuteilen. »Wir kämpfen. Vielleicht aus keinem anderen Grund, als daß jene, die nach uns kommen werden, sagen können: Es stimmt, unsere Väter wurden besiegt, aber sie haben gekämpft.« Und: »Das Schlagen der Trommel, die zum Kampf ruft, ist wichtig; der mutige Einsatz im Kampf selbst ist wichtig, und das Erzählen der Geschichte des Kampfes danach – alles ist auf seine Art wichtig. Ich sage euch, keines von diesen drei Dingen könnten wir entbehren. Doch wenn ihr mich fragt, welches von den drei Dingen die Adlerfeder verdient, so will ich mutig sagen: die Geschichte.«[21]

Der Anspruch ist jener auf Würde, selbst in der Niederlage. Die Schildkröte stirbt einen würdigen Tod, denn sie hat für sich gekämpft und ein Zeichen gesetzt. Aber es ist nicht die volle Würde im *Leben*, die die Horizontale verheißt.

Nehmen wir das Beispiel vieler Frauen und Kinder im ausklingenden patriarchalischen System unserer Gesellschaft. Frauen »scharren«, Kinder »scharren«, aus Leibeskräften, aus Not, aus der Sehnsucht nach Würde und Anerkennung. Sie wollen leben in dieser Gesellschaft, nicht untergehen. Noch sind sie in einigen gesellschaftlich relevanten Bereichen schwächer als die Männer; im Beruf, hinsichtlich finanzieller Ressourcen und gesellschaftlicher Chancen. Aber ihre Kräfte sind durch das Scharren der letzten Jahrzehnte gewachsen. Sie entwickeln zunehmend neue Stärken und besinnen sich auf alte und wertvolle Kräfte, die bisher in der Gesellschaft wenig beachtet wurden, aber für Frauen wie für Männer und Kinder wichtig sind. Das setzt ein Herauskommen aus dem Scharren und der Sprachlosigkeit voraus. Gesucht wird ein Austausch von Worten, ein Sagen und Gehörtwerden, ein Hören und Antworten und damit eine Beziehung. Auf diese Art wird Partnerschaft unter aktiv Handelnden möglich. Es findet eine Horizont-Erweiterung statt, die auf die Fülle blicken läßt, die die Partner einbringen, und nicht auf die Schwächen, die sich der physisch Stärkere zuungunsten des Schwächeren zunutze machen kann. Die Physis ist nur *eine* Komponente der Spielart in einer Beziehung. So werden Variationen des Fabelausgangs denkbar, von denen im folgenden einige vorgestellt werden.


## 1. Variation

Auf die Frage des Leoparden »Warum tust du das?« antwortet die Schildkröte: Ich will, daß die Leute, wenn sie nach meinem Tode hier an dieser Stelle vorbeikommen, sagen: Ja, hier haben zwei gekämpft, die sich ebenbürtig waren. Und ich lege viele, viele Eier in den Sand. Meine Jungen können allein aufwachsen, das ist mein Glück.

Das verspricht mir weitere Leckerbissen, frohlockt der Leopard. Gleichzeitig spürt er Neid auf die Fortpflanzungsmöglichkeit und die Stärke der Schildkröte angesicht ihres Todes.

## 2. Variation

Oder die Schildkröte antwortet: Weil ich will, daß die Leute, die hier vorbeigehen, sagen: Ja, hier haben zwei gekämpft, die sich ebenbürtig waren. Du machst es dir zu leicht, Leopard, denn ich kämpfe für uns zwei. Aus diesem Grund läßt du mir jetzt mein Leben! Damit machte sich die Schildkröte auf den Weg, und der Leopard ließ sie zähneknirschend ziehen.

## 3. Variation

Ich scharre, nur einen Augenblick lang, ich bin schon sehr alt, antwortete die Schildkröte.

Wie alt bist du denn, Schildkröte? Ich bin über vierhundert Jahre alt. Ein Augenblick ist eine kurze Zeit. Kannst du warten, Leopard? Ich warte, versprach der Leopard. Der Augenblick zog sich hin, und der Leopard wartete. Er war hungrig, aber er hatte versprochen zu warten. Es war glühend heiß, aber er hatte versprochen zu warten. Die Schildkröte scharrte, nur einen Augenblick lang. Der Leopard wartete. Da sprang eine Gazelle vorbei, und der Leopard setzte ihr nach. Er konnte nicht mehr auf die Schildkröte warten.

## Über- und Unterlegene?

Würde ist selbst im Sterben und im Tod herstellbar, wenn sie im Leben nicht ganz gelingen kann. Wir könnten uns jetzt ausmalen, daß die Schildkröte den Leoparden in einen langen intensiven Dialog über Ebenbürtigkeit und Recht auf Leben einbezieht, der so endet, daß beide am Schluß friedlich ihrer Wege gehen. Doch damit verniedlichen wir den Überlebenskampf in Wüste und Dschungel.

Der Leopard ist der Schildkröte größen- und kräftemäßig

ähnlich überlegen wie das ältere, physisch potentere Geschwister seinem Jüngeren. Bleiben dem Jüngeren nur die Listen der Ohnmacht und ein Kampf um die eigene Würde? Wenn wir jüngere oder sich schwächer fühlende Geschwister erzählen hören, erleben wir oft diesen Kampf auf Leben und Tod ebenso existentiell wie in Wüste und Dschungel. Es gibt zwar genug zu essen, doch die eigene Ohnmacht wird vernichtend erlebt, zumal dann, wenn sie durch die Eltern noch geschürt wird. Haß und Rachewunsch können ins Unermeßliche wachsen. Die Möglichkeit einer gegenseitigen Anerkennung wirkt dann wie Spott und Hohn. Das ist die Ausgangslage unserer Lehrfabel, und dieselbe Situation treffen wir in vielen Geschwisterbeziehungen an.

## Die Veränderungskraft der Phantasie

Immer wieder begegnen sich im Leben und in Fabeln die vermeintlich oder faktisch Stärkeren und die demzufolge Schwächeren, die scheinbar Wissenden und die entsprechenden Ignoranten, die Über- und die Unterlegenen. In der Regel konfrontiert die sich mächtiger fühlende Seite die andere mit einer Kampfansage bzw. einer Einladung zur Kapitulation. Bereits die Fabel vom Leopard und der Schildkröte hat uns aufgezeigt, daß die physisch schwächere Seite der Phantasie bedarf, um bestehen oder in Würde untergehen zu können. Diese Phantasie und das daraus folgende Handeln bzw. Loslassen kann durchaus das Paradigma von Macht und Stärke aufsprengen, in dem die stärkere Seite denkt und operiert. Der Phantasie wohnt eine Veränderungskraft inne. In der aktiven Imagination, der tagtraumartigen Produktion von inneren Bildern und Szenen können wir unser Selbstsein verankern und uns unsere wachsende Stärke vorstellen. Imagination ist eine heilsame Kraft.[22]

Dazu auch folgende indische Fabel: »Ein Mensch ging zu

einem Berg und sagte: Was für ein Narr du doch bist, o Berg! Du kennst weder deine Größe, noch deine Höhe, noch dein Gesicht. Ich aber weiß alles über dich. – Der Berg überlegte ein Weilchen und sagte dann: Es stimmt, daß ich das nicht weiß. Aber ich, ich bin der Berg.«

Hier begegnet der vermeintliche Alleswisser dem Berg, der auf sein Selbstsein verweist. Allerdings hebt das Selbstbewußtsein des Berges die realen Kräfteverhältnisse noch nicht aus den Angeln. Sonst hätten sich unter anderem das Patriarchat und die Rechte der Ältesten unter den Geschwistern nicht so lange aufrechterhalten können in der Geschichte. Das Aufbrechen von Macht findet im symbolischen, imaginierten Bereich statt. In diesen Bereich gehört das Selbstsein des Berges. Wenn das Gespräch zwischen den beiden weitergehen soll, bedarf der Verweis des Berges auf sein Selbstsein der Anerkennung durch den Vermesser. Erst durch diese Anerkennung und Würdigung des anderen kann die scheinbare Unversöhnlichkeit der wissenden und der seienden Seite überwunden werden.

Wir kennen eine Unversöhnlichkeit der Haben- und Sein-Seite aus vielen Geschwisterdramen. Auf der einen Seite stehen »Ich bin die Ältere, und deshalb die Klügere«, »Ich kann Fußball spielen, du nicht« und »Meine Mutter hat mich lieber als dich«. Auf der anderen Seite hören wir »Ich bin gerne die Jüngere«, »Ich spiele eben Klavier« und »Es gibt unseren Vater, der mich so liebhat«. Versteckt hinter diesen letzterwähnten Antworten kann allerdings das Gefühl weiterbestehen, nicht anerkannt und nicht gewürdigt zu werden vom herausfordernden und protzenden Geschwister. Der Unterschied zwischen abwertender und ermutigender Herausforderung kann haarscharf sein.

Hinter allen Wahrnehmungen stecken Phantasien über sich und den anderen. Wenn die Phantasien zu zirkulieren beginnen und ausgetauscht werden, können sie sich auch verändern und entwickeln. Geschwister sein ist ein unablässiges Ringen um die Wahrnehmung von sich selber und vom anderen. Die eigenen Wahrnehmungen erweisen sich im besten Fall als variabel und flexibel. Das Geheimnis des Geschwisterlichen liegt darin, daß wir es mit Hilfe unserer Phantasien, unserer Imaginationen gestalten und damit unser Handeln vorbereiten können. Die Veränderung beginnt im Kopf. Sie beginnt gleichermaßen im Herzen. Das ist ein nicht zu unterschätzender Beginn der Gestaltung von Beziehungen.

Durch Anerkennung in Beziehungen wird jedem seine Einzigartigkeit und Ebenbürtigkeit zuerkannt. Und wenn die Anerkennung vom anderen nicht gewährt wird? Dann bleibt die Möglichkeit, sie sich selber zuzuerkennen. Wenn ein Mensch seine Würde und seine Ebenbürtigkeit mit den andern in sich zu fühlen vermag, hat das wiederum Auswirkungen auf die anderen.

## Vergegenwärtigung IV

Einzigartigkeit – Ebenbürtigkeit.
Wir können beides in der Phantasie, in Imaginationen innerlich
entwickeln und in unserem Leben darin hineinwachsen.

Was machen wir miteinander? Wir Geschwister? Wir Menschen?

Anerkennung – welch großes und wichtiges Wort.

# 5. »Als Gleicher aus der Hand eines Gleichen erhalten« – Geschwisterliche, mütterliche und väterliche Gesten

> *»Take care of yourself, younger brother«, he said, gently stroking my closely cropped hair. Then he wheeled his bicycle around and rode off into the retreating horizon.*
>
> Chirevo Kwenda

## Sohn und jüngerer Bruder in einem

»Paß gut auf dich auf, *jüngerer Bruder*«, sagte der schwarze *Vater* im südlichen Afrika zum zwölfjährigen Sohn, den er mit seinem Fahrrad zur neunzig Kilometer entfernten Missionsschule gefahren hatte.[23] Der erwachsene Kwenda erinnerte sich genau an den damaligen Augenblick. Er sehnte sich nach Trost und Beruhigung in diesem Augenblick des Abschieds. Als er Vaters Worte hörte, erschauderte er vor Furcht und Respekt. Sein Vater war das Größte für ihn.

Obwohl der Vater in späteren Jahren diese Redewendung einige Male wiederholte, fragte ihn der Sohn nie danach. Er behielt sich intuitiv den freien Raum vor, um über die Bedeutung nachzudenken, wieso sein Vater ihn manchmal jüngerer Bruder nannte. Er spürte bei diesem ersten Mal, als Zwölfjähriger, daß er stolz war, seines geliebten und großen Vaters Sohn zu sein. Die Verabschiedung damals als »younger brother« erlebte er auch erdrückend und als schwere Verantwortung. Sohn zu sein, das war ein klares Gefühl. Freund zu sein auch, da spürte er die starke Vater-Sohn-Verbundenheit, die gegenseitige Treue. Und das geschwisterliche Gefühl? Er merkte einfach, daß es Wunder wirkte bei ihm. Er mußte nun in dieser Schule ohne Vater leben, jahrelang. »Jüngerer Bruder« zu sein war verbunden mit der Erinnerung an Vaters Stimme damals und an seine liebvolle Abschiedsgeste, als er ihm über den Kopf strich. Der Vater hatte diese Schuljahre geplant und gewünscht für ihn als Sohn, damit er seine Identität und seinen Platz finde in der Welt. Und er traute es ihm zu, ihm als jüngerem Bruder.

Seines Vaters Sohn und gleichzeitig sein jüngerer Bruder zu sein, verlieh ihm ein starkes Gefühl von Selbstachtung. Wenn er gleichzeitig Sohn und Bruder sein konnte, würde nie jemand größer oder kleiner sein als er selber, würde er sein Leben lang jedes Menschen Bruder sein können, gleichwertig, ebenbürtig, verbunden, eben Bruder. Zum Begriff der Vater-Geschwisterschaft gehörten für ihn fortan Integrität, Fairneß und Respekt als tiefste menschliche Gefühle gegenüber allen Mitmenschen gleichen und unterschiedlichen Alters. Die Generationenschranke blieb dabei klar erhalten.

Vater-Geschwisterschaft ist heute für den erwachsenen Kwenda mit eigenen Kindern ein Weg, um die Beziehungen zu Menschen zu gestalten, die ihm gleichzeitig sehr nahe und sehr ferne sind, und für die er ein tiefes Gefühl von Achtung und Respekt empfindet. Geschwisterschaft zu anderen Menschen wird als zutiefst mitmenschliche Haltung erlebbar. Jeder Mensch, sei er Vorgesetzter, Untergeordneter, Feind oder Freund, wird zuerst einmal als Mensch und Mitmensch erlebt, mit seiner eigenen Lebensgeschichte, seinen eigenen Erinnerungen, Möglichkeiten und Gefühlen und als jemand, der Respekt verlangt und Würde und Anerkennung verdient. In Kriegswirren und längeren räumlichen Trennungen, die Kwenda später mit seiner eigenen Familie erlebte, spürte er die elterliche Geschwisterschaft, gleichermaßen als verbindliches Band des Zusammengehörens mit seinen Kindern und mit anderen Menschen, denen er begegnete.

## Tochter-Schwester und Sohn-Bruder

Kwendas Schilderungen trafen bei mir auf eigene Erfahrungen. Schon oft hatte ich erlebt, daß ich meine zwanzigjährige Tochter mit dem Vornamen meiner sieben Jahre jüngeren Schwester rief. Und wenn ich von meinem einundzwanzigjährigen Sohn etwas erzählte, kam mir hin und wieder der Name meines wenig jüngeren Bruders in den Sinn. Es war mir in solchen Augenblicken durchaus bewußt, daß ich die Mutter meiner Kinder war. Gleichzeitig fühlte ich bei ihrem Heranwachsen und Erwachsenwerden mir gut bekannte geschwisterliche Gefühle ihnen gegenüber. Das Zusammenleben mit den jungen Menschen, die meine Kinder waren, weckte frühere Erinnerungen an das Aufwachsen mit den Geschwistern. Besonders ausgeprägt waren diese Erlebnisse im Badezimmer, in der Küche, in Räumen, in denen wir uns gemeinsam begegneten, einander im Spiegel sahen oder »im Spiegel« gemeinsamer Tätigkeiten erlebten.

Da tauchten diese Erinnerungen auf an Gemeinsames, an Alltägliches in seinen immer wiederkehrenden Tätigkeiten, an familiäre Vertrautheit, die doch immer auch Grenzen wahrte, den Anderen als Anderen wahrnahm.

»Was unterscheidet Geschwister von wilden Indianerstämmen?« fragte Kurt Tucholsky in einer seiner Satiren. Seine Antwort: »Indianer sind entweder auf Kriegspfaden oder rauchen Friedenspfeife – Geschwister können gleichzeitig beides!«

Es lohnt sich, diese Aussage Geschwistern vorzulegen. Ihre spontanen Antworten sind zumeist klar anerkennend, ja, so ist es, und zwar nur mit den Geschwistern, nicht mit den Eltern, nicht mit den Kindern, aber sehr wohl, intuitiv, mit den Geschwistern.

Sind die Altersabstände zwischen den Geschwistern größer, fällt eine spontan anerkennende Antwort schwerer. In der altersbedingten Vertikale sind vielfach Hoffnungen und

Erwartungen da, die Jüngeren oder Älteren mögen einem Freude machen, füreinander sorgen, oder Vorbild sein und einem zur Ehre gereichen. Die geschwisterlichen Beziehungen bei geringem Altersunterschied sind weniger belastet mit solchen Erwartungen.

Solange meine Kinder kleiner waren, stand meine Verantwortung ihnen gegenüber stärker im Vordergrund. Im Entstehen der mütterlich-geschwisterlichen Gefühle gegenüber meinen Kindern konnte ich ihnen klar ein großes Stück der Verantwortung für ihr eigenes Leben übergeben. Nun konnte ich mich auch unbeschwerter über sie ärgern, mit ihnen auf Kriegspfaden gehen und gleichzeitig die Friedenspfeife bereit halten. Wir waren im alltäglichen Zusammenleben weitgehend zu Ebenbürtigen geworden.

**Alles in einem**

André Brink beschreibt in seinem Roman *The Rights of Desire* anhand seiner Hauptfigur Ruben, dem sechzigjährigen Witwer, wie dieser in seiner Freundin und Geliebten gleichermaßen die (Ehe)Frau, die Mutter, die Schwester und die Geliebte erlebt.[24] Ehe-Fraulich erlebt er sie in ihrer Sorge um seine Garderobe, beim Einkaufen neuer Kleider und Accessoires; mütterlich in ihrer Aufmerksamkeit für seine Gesundheit, für Vitamine und notwendige sonstige Pillen; schwesterlich darin, daß sie ihn zu mehr Kontakt mit seinen Kindern aus erster Ehe anhält, daß sie ihm die Haare in den Ohren schneidet und ihn an Dinge erinnert, die er ihr einmal gesagt und wieder vergessen hat. Die Geliebte erkennt er in den Küssen und Umarmungen und darin, daß sie ihm zärtlich mit den Händen durch die Haare fährt und er ihre Zehennägel lackieren darf.

Liebesbeziehungen sind die vollkommensten und umfassendsten menschlichen Beziehungen. Es liegt nahe, daß in ihnen die geschwisterlichen und elterlichen Gefühle ebenfalls mitschwingen, klingen doch die allerersten Liebesgefühle zu diesen frühen Figuren ein Leben lang in uns nach.

Neben den fraulichen und mütterlichen Zuwendungen, die der erwähnte Ruben von seiner Geliebten erhält, zeichnet sich das Schwesterliche auf besondere Art aus. Es wird durch das sorgende und das zärtliche Element verkörpert und mit freundschaftlichen Aspekten des gemeinsamen Gesprächs, in dem er sich an früher Gesagtes erinnern läßt, vermischt und angereichert – damit der Austausch weitergehen kann. Die schwesterliche Zuwendung integriert mannigfaltige Formen der Zuwendung und wird damit zu einem sehr umfassenden, reichen Angebot. Lediglich die sexuelle Begegnung, das umfassende »alles in einem«, wird in dieser Geschichte der Geliebten vorbehalten.

Es wird deutlich an diesem Beispiel, daß die häufige Eifersucht von Liebespartnern auf einen Bruder oder eine Schwester des anderen durchaus naheliegen kann. Eifersucht entsteht bekanntlich aus der Angst, eine geliebte Person mit einer anderen teilen zu müssen oder gar zu verlieren. Immer aber wurzelt sie in frühem ödipalen oder geschwisterlichen Begehren.[25]

## Urbildliche Ereignisse der Macht

Geschwisterliche und familiäre Beziehungen sind immer auch von Macht geprägt. Macht erscheint als eine Vielfalt von Kraftverhältnissen, als ein Spiel unaufhörlicher Auseinandersetzungen und Kämpfen, das diese Kraftverhältnisse verwandelt, verstärkt und auch verkehrt. Die Generationenschranke zwischen Eltern und Kindern bedeutet immer auch eine Schranke von Macht, ebenso in abgeschwächter Form, der Altersunterschied zwischen Geschwistern. Herrin-Magd- und Herr-Knechtverhältnisse sind aus Geschwistergeschichten nicht wegzudenken. Es sind dominierende Strukturen, die sich, wie schon erwähnt, bearbeiten lassen.

Es »kann nicht einmal Robinson mit Freitag leben, ohne daß Macht installiert wird«.[26] Selbst Dofoes Robinson, der nach zwanzig einsamen Inseljahren von ferne den Eingeborenen sieht, dem er das Leben retten kann, wenn er will, findet, »es sei nun Zeit, um einen Diener, und vielleicht einen Kameraden oder einen Assistenten zu bekommen«. Nicht der Kamerad und der Bruder sind Robinsons Sehnsucht, sondern der Diener oder Gehilfe. Dabei geht ihm der Gedanke vom gleichgestellten, gleichwertigen Kameraden oder Gefährten durchaus auch durch den Sinn. Doch dann gibt Robinson dem Geretteten den Namen des Tages der Begegnung, Freitag, und läßt sich »master« nennen. Die zwei Adams sind nicht Brüder, sondern Herr und Knecht. Obwohl die Geschichte im 18. Jahrhundert spielt, meint der Literaturwissenschaftler Von Matt, daß »hier das urbildliche Ereignis der Macht zu erkennen ist, der Macht als eines Geschehens zwischen allen Menschen, jederzeit, wo immer auch nur zwei oder drei zusammenkommen und zusammenbleiben«.

Bei diesem Beispiel erscheint die Vorstellung des gleichrangigen Miteinanders, der Horizontale, kaum denkbar und schon gar nicht wünschbar, vielmehr »will der Phallus regieren«. »Der Mensch, der Mann – er insbesondere, aber nicht nur er – ist biologisch auf Sieg und Niederlage eingerichtet«. »Die Demokratie aber hat im Arsenal der großen Träume keinen Platz (...) sie ist unansehnlich von Natur aus. Es mangelt ihr, um es gradaus zu sagen, an phallischen Armaturen. Ihre Größe ist die Durchschnittlichkeit. Ihre Radikalität besteht darin, in jeden Wein Wasser zu gießen. Ihr Pathos ist das Palaver, ihre größte Tat das Kochen auf kleinem Feuer.« Diese fürwahr unansehnliche Demokratievorstellung wird uns in der Entwicklung der

94

Vorstellung von Gleichrangigkeit und Ebenbürtigkeit weiter beschäftigen.

Dazu möchte ich das Beispiel eines stürzenden Vaters und seines aufsteigenden Sohnes aus einer Erzählung von Franz Werfel aufzeigen.[27] Der jahrzehntelang autoritär unterdrückte Sohn eines nunmehr alternden, kranken Generals geht eines Nachts »im göttlichen Rausch« überraschend mit einer eisernen Hantel auf seinen Vater los und verfolgt ihn rund um den Billardtisch. Der Schlafrock des Vaters fällt, und dieser steht nackt da, fällt keuchend auf die Knie und fleht, daß der Sohn schnell zuschlage. Der Sohn erlebt »unerträglichen Triumph«, dann »Leid« und »Mitleid«; er hilft dem General auf, wirft ihm den Schlafrock um die Schultern und schickt ihn schlafen. Dann geht er auf die Straße hinaus und wirft die Hantel »und mit ihr die Krankheit der Kindheit« von sich. Von Matt schließt seine Deutung dieses Werfel-Textes mit den Worten: »Den Mantel, den der Vater als stürzender Herrscher verloren hat, bekommt er als armer frierender Mensch, *als Gleicher aus der Hand eines Gleichen* wieder zurück. Fast wäre man versucht zu sagen: *von einem Bruder.*«

Hier treffen sich im Bild des leid- und mitleiderfüllten Bruders der stürzende Vater und der aufbegehrende Sohn. Die stürzenden Väter und Zaren und Diktatoren sind ebenso wie die aufbegehrenden Untertanen immer wiederkehrende Figuren in der Geschichte. Und die Frage taucht auf, ob die Welt der sich befreienden Söhne und Töchter jemals aus lauter Geschwistern bestehen könnte. Doch die Macht verflüchtigt sich nicht beim Sturz eines Vaters, vielmehr wird sie freigesetzt und ist nicht mehr an Institutionen und Ränge gebunden. Und sie vermag sich in geschwisterlichen Gesten zu äußern, wenn »ein Gleicher aus der Hand eines Gleichen« das entwertete Machtsymbol zurückerhält.

Vaterlosigkeit, die »vaterlose Gesellschaft« sind Schlagworte, die seit wenigen Jahrzehnten vielfach diskutiert werden.[28] Es geht dabei um den sichtbaren Zerfall der Vaterrolle, das Verblassen von Vorbildern und mögliche neue Funktionen der Geschwisterbande. Alexander Mitscherlich betont die »Notwendigkeit einer Identifikation des Kindes mit dem Vater« – ich ergänze: auch mit der Mutter –, »die zu gegebener Zeit überwunden und durch eine Ausrichtung auf die horizontalen Beziehungen ergänzt und abgelöst werden soll«. Diese »Horizontalsozialisierung« weckt jedoch Ängste, Anlehnungsverhalten und Neid. Mitscherlich beobachtet »anlehnungshungriges Neidverhalten der geschwisterlichen Konkurrenzgesellschaft als Ablösungsmuster der paternalistischen Rivalität mit identifizierbaren Mächtigen, die für Ordnung und Sicherung gesorgt haben«.

Die Vaterschaft und ihre Symbole haben bis in die Gegenwart hinein ordnend und integrierend gewirkt. Ihre Auflösung erweckt ein Gefühl der Bedrohung durch die vielen Geschwister, die nun da sind und die sich vorerst eine neue Ordnung und Sicherung erwerben müssen. Beispielhaft erwähnt der Autor eine zu schaffende Gleichwertigkeit von Frau und Mann in echter Partnerschaft. Entscheidend erscheint in seiner Analyse der Vaterlosigkeit, daß er diese ebenso illusionslos beschreibt wie das sich entwickelnde Geschwisterliche, Partnerschaftliche, das von vielen regressiven, also rückwärts gewandten Ängsten bedroht ist. Da die Vorstellung und die Realisierung der Horizontale, der gleichwertigen Partnerschaft, das mündige und tolerante Ich voraussetzen, spielen das Gespräch, der Dialog in der nach-väterlichen Welt eine entscheidende Rolle. Das Ich oder Selbst entsteht im Spiegel und in der Auseinandersetzung mit den andern.

## Freundschaften

Von Freundschaft in einem idealen, aber nicht idealisierenden Sinn sprechen wir dann, wenn es um eine stärkende, ermutigende, immer wohlwollende, auch herausfordernde und kritische Begleitung geht, bei der weder das Begehren noch irgendeine Berechnung mitspielen. Es zählen allein die tiefe gegenseitige Verbundenheit und Gleichwertigkeit. Wenn wir einen Schritt weitergehen, mißt sich auch jede Eltern-Kind- und jede geschwisterliche Beziehung letztlich am Grad der Freundschaft, die ihr zugrunde liegt oder sich im Laufe der Jahre entwickelt.[29] Der grundsätzliche Unterschied zwischen familiären und freundschaftlichen Beziehungen liegt in der Wahl der Beziehung. Wir wählen uns einen Freund, eine Freundin aus, nicht aber ein Geschwister, auch nicht die Eltern und auch nicht die eigenen Kinder. In den vielen Jahren familiären Zusammenlebens mit Eltern, Geschwistern und mit PartnerIn und eigenen Kindern entwickeln sich die Beziehungen und vor allem auch die Kräfteverhältnisse. Wenn die ursprüngliche Familie nicht mehr unter einem Dach zusammenlebt, wird der Aspekt der Wahl der weiteren Beziehungspflege wichtig. Noch immer sind die früheren Rollen dieselben. Eltern, Kinder und Geschwister bleiben lebenslang in ihren Rollen. Doch die Kinder und Geschwister werden ihrerseits zu Eltern, die wiederum Kinder haben können. Die nunmehr Erwachsenen behaupten sich im Leben und sind gleichwertige Menschen mit Bedürfnissen nach Zuwendung und Anerkennung.

Eine freundschaftliche Begegnung dürfte hohes Ziel der nunmehr zu wählenden geschwisterlichen und familiären Begegnungen in jenen Jahren sein, in denen die einstigen Kinder erwachsen sind und Eltern und Geschwister ein eigenständiges Leben führen. Wenn im gemeinsamen Erwachsensein die Generationendifferenz nicht mehr permanent die Macht- und Inzestschranke zu bedeuten hat, werden Begegnungen von Ebenbürtigen möglich. Gleichzeitig sind in allen nahen Beziehungen die früheren Erlebnisqualitäten unabdingbar enthalten. So ist es auch naheliegend, daß in den intimsten erwachsenen Beziehungen, der Liebesbeziehung und der tiefen Freundschaft, die früheren Erlebnisbereiche wieder geweckt werden.

Die Kunst der erwachsenen Beziehung liegt darin, die früheren Erlebnisqualitäten bereichernd zu erleben, sie aber letztlich doch von der heutigen Beziehung zu unterscheiden und ihr unterzuordnen. Sind die früheren Geschwisterbeziehungen konfliktreich verlaufen, fällt so lange ein Schatten davon auf alle späteren Beziehungen, bis diese früheren Konflikte aktiv bearbeitet werden können.[30] Heutige Erfahrungen zeigen, und das kann gar nicht genug betont werden, daß sich Geschwisterbeziehungen entwickeln und verändern, ein Leben lang. Dies geschieht im Sammeln von Erfahrungen, im Bedenken von Früherem, das mit dem Lauf der Zeit nicht mehr so viel Abgrenzung und Schutz verlangt, weil erwachsene Geschwister ihren Platz im Leben gefunden haben. Und es geschieht im therapeutischen Durcharbeiten früherer Verletzungen und schließlich im Heilen als einer Zustimmung zu dem, was geworden und heute wirksam ist. Ob die Geste, etwas »als Gleicher aus der Hand eines Gleichen zu erhalten«, in ein wechselseitiges Geben im Leben münden kann, oder dies wegen der fehlenden, abwesenden, verstorbenen Anderen im innerlichen Versöhnen zu geschehen hat, ist als gleichwertig zu betrachten.

### Kollegial und komplizenhaft

Analytisch-therapeutische Arbeit ist im gelingenden Fall eine Gemeinschaftsarbeit zwischen gleichwertigen Partnern. Das setzt voraus, daß bei der Therapeutin und dem

Therapeuten die Vorstellung der Horizontale – die Haltung des Gemeinschaftlichen und Gleichwertigen und des dazu benötigten inneren und äußeren Raumes – von Anfang an potentiell vorhanden ist. Die therapeutische Beziehung soll dem Klienten und der Klientin nicht nur eine Wiederholung bisheriger Beziehungsmuster, sondern auch neue Erfahrungen ermöglichen.

Eveline ist vierzig Jahre alt und lebt in der französischsprechenden Schweiz. Sie arbeitet als Psychotherapeutin und lebt mit ihrem Mann und den gemeinsamen Kindern zusammen.

Sie ist in Therapie, um mit ihren Ängsten, nahe Menschen zu verletzen oder zu verlieren, besser zurechtzukommen. Das formuliert sie jedoch erst viel später. Anfangs äußert sie das große Anliegen, sich selbst besser kennenzulernen und sich für ihren Beruf (der auch der meine ist) in Selbsterfahrung »weiterzubilden«. Von Anfang an rivalisiert sie in den Therapiestunden stark mit mir. Sie nutzt jede Gelegenheit, um von »uns« und von »wir Kolleginnen« zu sprechen, sich ständig in allen möglichen Bereichen mit mir zu vergleichen und mir zu zeigen, daß wir ebenbürtig sind. Doch damit kontrastiert ihre große Verlustangst, die sie immer wieder ausdrückt und die sie auch anhand von Träumen in die Stunden bringt. Es dauert eine ganze Weile, bis sie sich ruhiger und auf sich konzentrierter in den Therapieprozeß einlassen kann. Dann später zeigt sich eine andere Seite des früheren Rivalisierens. In schwierigen Passagen im Gespräch fragte sie beispielsweise: »Wie fahren wir jetzt weiter?« oder »Können wir diesen Traum je verstehen?« oder sie sagt: »Das kennen wir doch beide«. Es sind Sätze, die uns beide in die hilflose, hilfesuchende und komplizenhafte Geschwisterschaft versetzten. Nach ihrem Erleben leiden wir beide an den gleichen Situationen und müssen gemeinsam einen Ausweg daraus finden. Ich erwidere ihr in solchen Momenten, daß es ganz klar um ihre Sache gehe im Sinne: »Dies ist Ihr Traum, und wir sprechen aufgrund Ihrer Gedanken, Gefühle und Assoziationen darüber, damit Sie und ich diesen Traum verstehen können.« Eveline merkt mit der Zeit, daß sie in ihrer eigenen therapeutischen Arbeit ihren KlientInnen wenig sinnvoll beistehen kann, wenn sie quasi geschwisterlich den Arm um sie legt und fast eine Art wechselseitiger Therapie betreibt. Es wird ihr klar, daß es vielmehr darum geht, ihren KlientInnen zu ihrem eigenen Ausdruck und zu ihrer eigenen Stimme zu verhelfen. Sie muß es zuvor selber erleben, wie sie selber zu ihrer eigenen Stimme und ihrem eigenen Begehren findet, und merken, wie befreiend und entlastend das wirkt. Sie muß sich nun auch nicht mehr so sehr um mich kümmern.

Eveline hat zwei jüngere Geschwister, die sie früher oft hüten mußte, weil die Eltern nicht verfügbar und nicht erreichbar waren. Gegenüber den Geschwistern hat sie bis heute das Gefühl, sich in bezug auf ihre Bedürfnisse nicht wehren zu können. Als sie frühere und heutige Erlebnisse mit diesen Geschwistern schildert, spüre ich zutiefst ihr Ausgeliefertsein und ihre Ängste. Diese Ängste hat sie in der Sorge um andere bisher beschwichtigt. Doch sie selber ist dabei zu kurz gekommen. Als sie in einer Stunde eine solche zugleich hütend-sorgende und hilfesuchende Bemerkung auf mich bezieht, weise ich sie darauf hin, wieviel Macht sie mir damit gibt und wie sie selber dabei zu kurz kommt mit ihren eigenen Wünschen und Bedürfnissen.

Vom Bruder erzählt sie, wie ohnmächtig er sie immer mache, so daß sie nur noch mit Sachen um sich werfen und wegrennen könne. Von ihrer einige Jahre jüngeren Schwester berichtet sie wenig später nachdenklich, diese sei heute schwesterlich zu ihr, beziehe sie ein, erzähle ihr, höre zu und würdige sie. Aber sie, ältere Schwester, könne das alles nicht annehmen und nicht erwidern, sie sei mißtrauisch und abwartend und leide darunter.

Ich habe ihr kollegiales und komplizenhaftes Verhalten zu mir von Anfang an als eine Abwehr ihrer Angst verstanden, mir ausgeliefert zu sein. Mit der Zeit wurde es möglich, daß wir uns darüber verständigen konnten.

Es gibt noch etwas anderes, das ich mit Eveline erlebe. Sie bezeugt in ihrem Erzählen immer wieder ein mich sehr bewegendes, mitfühlendes Gespür für Menschen in Not. Unvergeßlich bleibt mir, wie sie zu Beginn des Kosovo-Krieges davon sprach, wie wichtig es für sie sei, sich in ihrer Vorstellung an die Seite dieser leidenden Leute zu stellen. Von solchen geschwisterlichen Solidarisierungen hat sie immer wieder erzählt im Laufe der Therapie. Sie waren bewegend nach- und miterlebbar für mich. Ich glaube, es war der spürbare Geist, die geschwisterliche Haltung gegenüber notleidenden Menschen, die mich jedesmal zutiefst berührt haben.

Es gibt bei Eveline einen geschwisterlich-solidarischen Geist und ein echtes Mitgefühl, doch nur dann, wenn die anderen in Not sind. Wenn sie sich auf der gleichen Ebene fühlt, fängt sie heftig an zu rivalisieren, sich zu messen aus Angst, in der Abwehr, aus der inneren Not heraus. In der zweiten Hälfte der Therapie sind jedoch die Ansätze zu einer echten Horizontalen auch in den Beziehungen zu ihren Kollegen und zu mir mehr und mehr deutlich geworden. Eveline hat das harte Rivalisieren weitgehend überwunden. Sie braucht nun nicht mehr ausschließlich die Notleidenden, um sich solidarisch an deren Seite zu stellen. Sie wagt das solidarische Nebeneinander auch in kollegialen Beziehungen. Das ist möglich geworden, weil sie ihre Ängste zulassen kann und nicht mehr abwehren muß.

Sie kommt mit dem folgenden Traum in die Therapiestunde. Sie trägt im Traum dieselben Schuhe wie ich. Sie realisiert aber, daß sie darin gar nicht gut gehen kann.

Eigentlich fühlt sie sich in Schuhen mit Absätzen gar nicht wohl. Sie zieht dann wieder ihre eigenen bequemen Schuhe an und fühlt sich gut darin.

Dieses Traumbeispiel weckt in mir zuerst das Bild des kleinen Mädchens, das mit den Schuhen der Mutter im Zimmer herumstöckelt. Auch ihr ist dieser Vergleich in den Sinn gekommen. Doch wir einigen uns im Gespräch darauf, diesen Traum nicht ausschließlich mit den Größenphantasien und Probierversuchen des Mädchens zu erklären. Evelines Entwicklung in der Therapie und in ihrem Leben legt einen weitergehenden Deutungsversuch nahe. Es kann sich durchaus um ein geschwisterliches Kräftemessen und komplizenhaftes Vergleichen handeln. Die Figur von Eveline im Traum zeigt möglicherweise beide Teile ihrer selbst: die Tochter und die Schwester. Eveline und ich erkennen im Gespräch über ihren Traum ihr eigenes Sein und ihre Einzigartigkeit, die sich im Rückgriff auf ihre eigenen Schuhe manifestieren. Diese Erfahrung von Einzigartigkeit wirkt sich auch auf die weitere Therapie aus. Es ist ein Prozeß der schrittweisen Ent-Kränkung von Verletzungen und Überforderungen. Das Sich-Vergleichen mit anderen rückt spürbar in den Hintergrund.

Als Eveline die Therapie abschließt, verabschieden wir uns als gleichwertige Schwestern. Nun sind wir zu echten Kolleginnen geworden.


### »Ich darf gleich groß werden«

Kinder möchten groß werden, gleich groß wie die Eltern und die älteren Geschwister. KlientInnen möchten auch »groß« werden, gleich groß werden wie die TherapeutInnen, die sie »groß« erleben. Ob die Therapeutin oder der Therapeut wirklich so groß sind? Ich schildere im folgenden den Dialog zwischen Erika und ihrer Therapeutin.

Erika: »Ich träume viel, aber es bleibt mir nichts davon in Erinnerung. Das muß mit der Erwartung zu tun haben, die ich von Ihnen spüre. Ich sollte Träume in die Therapie bringen. Ich fühle mich gedrängt, und dann bin ich nicht artig. Ich habe das Gefühl, ich werde nur geschätzt, wenn ich etwas bringe. Sie sind oben, ich bin unten.«

Th.: »Gut, daß Sie es sagen können.«

Erika: »Geben Sie mir jetzt ein Zückerchen? Sie hätten nicht nach Träumen fragen sollen.«

Th.: »Aha, dann bin ich wieder die Mächtige.«

Eine Weile vergeht mit gegenseitigem fragendem Blickkontakt. Die Gegenübertragung der Therapeutin setzt sich zusammen aus Gefühlen, falsch zu liegen, nicht richtig zu sein, und sie empfindet Ängstlichkeit und Hilflosigkeit. Erika sagt dann, sie habe sich jetzt lange überlegt, ob sie den Blickkontakt überhaupt aushalte oder ob sie »hinaus- und hinunterfalle« und sich wieder klein und ohnmächtig fühle. Dann folgen wieder wechselseitige Blicke und dauern eine ganze Weile lang. Dann nickt Erika, atmet tief durch und sagt »gut«.

Nach langen Machtkämpfen, Erwartungen und Drohungen trat nun endlich eine entspanntere Situation ein.

Das Beziehungsangebot in der Therapie und im Leben wird von gewissen Menschen immer wieder zum Gefälle und zum Machtkampf erklärt. Darin erleben sie sich unten und die andern oben. Irgendeinmal muß sich die Situation zuspitzen wie im oben zitierten Dialog. Wenn die gemeinsame Verständigung gelingt, entsteht daraus eine veränderte Wahrnehmung der immer noch gleichen Situation. Nun kann das Angebot der Horizontale, die Therapie als Gemeinschaftswerk, verstanden und angenommen werden. Sehr oft spielt in solchen Situationen ein Geschwisterthema hinein, es muß aber nicht sein. Reale oder vermeintliche Ungleiche können zu Gleichwertigen werden, wenn sie, wie

Erika, den wechselseitigen prüfenden Blickkontakt aushalten. Erika darf »gleich groß« werden wie andere. Ihre Angst, die andere dadurch klein zu machen, erweist sich als unbegründet. Die andere hält es auch aus, daß »beide groß« sind. Sie darf also nicht nur groß werden, sondern auch groß sein und groß bleiben.

Je ausgeprägter und sicherer die eigene Wahrnehmung als »gleich« wie die anderen und ganz »anders« als die anderen ist, desto eher kann dem Gefühle einer »gleichen Wertigkeit«, einer Gleichwertigkeit von beidem, nachgespürt werden. Die Gleichwertigkeit wird zum »cantus firmus«, zur Basismelodie, auf deren sicherem Grund sich die verschiedensten Stimmen wunderbar entfalten können. Dann wird es möglich und attraktiv, auf allen möglichen Registern der geschwisterlichen, mütterlichen und väterlichen Gesten, Worte und Blicke zu spielen, diesen Reichtum zu nutzen und immer zu wissen, wer man ist und wo man steht.

## Vergegenwärtigung V

Geschwisterliche und freundschaftliche, mütterliche und väterliche Gesten erleben wir immer neu, bei uns und bei den anderen.

Vielleicht mag ich ihrer Bedeutung in meinem Leben nachspüren.

Sie reichen von früher her in die Gegenwart

Es sind horizontale und vertikale Gesten.

Sie haben mit Kleinsein und Großwerden zu tun.

\*

Das Gefühl der eigenen Einzigartigkeit ist eine Kostbarkeit – ebenso das Gefühl der Gleichwertigkeit mit den anderen.

# 6. Paare und ihre horizontalen Beziehungsmöglichkeiten

*»Wie schön, meine Schwester Braut, sind deine Liebkosungen.«*
*»Allerart köstliche Früchte, neue und alte, die habe ich*
*aufgespart für dich, mein Geliebter! Ach wärst du mir wie*
*ein Bruder, an der Brust meiner Mutter genährt.«*

Das Hohelied

## Unser größtes Begehren ist jenes nach Liebe

Wir sind als begehrende Menschen vielfältig bezogen auf andere Menschen, auf die Natur, auf die Künste, auf etwas Größeres als wir selber, auf Dinge, die uns in der Welt entgegenkommen und uns innerlich und äußerlich in Bewegung halten. Dadurch entwickeln wir uns und werden immer mehr wir selber. Unser größtes Begehren ist jenes nach Liebe, nach Leidenschaft, Zärtlichkeit und Verständnis, nach Halten und Gehaltenwerden sowie nach Selbstausdruck mit einem Du. Indem wir Beziehungsphantasien zu anderen Menschen entwickeln, gestalten wir Möglichkeiten unserer Persönlichkeit, die erst in einer solchen Bezogenheit gelebt werden können. Beziehungsphantasien zeigen unsere tiefen Sehnsüchte auf. Sie fließen in unsere Art zu lieben ein und gestalten sie mit. Beziehungsphantasien werden immer auch genährt von früheren Beziehungen, die uns und unsere Wünsche geprägt haben.

Schwester- und Bruderphantasien können in ihrer Ausrichtung auf einen Liebespartner oder eine Liebespartnerin eine vielfältige Bedeutung haben. Verena Kast hat die Brudermann-Schwesterfrau-Phantasie eines Liebespaares aufgezeichnet, dem das Schwesterliche und Brüderliche wichtig war »als die Möglichkeit des Einander-Beistehens, ohne daß nach Dominieren und Unterwerfen gefragt würde, also nach einer ganz besonderen Solidarität«; nach einer »Nähe, die auch Abgrenzung zuließ, ohne daß man sich verlassen vorkommen müßte: Bruder und Schwester gehören einfach zusammen.« Und: »Im Ausdruck Brudermann und Schwesterfrau schwang für die beiden der ganze erotisch-sexuelle Bereich mit, gründend auf diesem Grundgefühl der Beziehungsphantasie des Sich-aufeinander-verlassen-Könnens.«[31]

Wenn demgegenüber ein Paar »wie Schwester und Bruder« zusammenlebt, können wir durchaus vermuten, daß die Liebesphantasien zunehmend durch »Du bist wie meine Mutter« oder durch »Du wirst mehr und mehr zu meinem Bruder« verdrängt wurden. Wenn sich zuviel familiär Vertrautes in eine Liebesbeziehung einschleicht, droht die erotische und sexuelle Anziehung verlorenzugehen.

Ein leibliches Geschwisterpaar wiederum kann durch zu große erotisch-sexuelle Anziehung in seinen geschwisterlichen Möglichkeiten der Verläßlichkeit füreinander und Solidarität beeinträchtigt sein.

Das Paar Bruder und Schwester und das innere Bild von Bruder und Schwester sind seit alters her in ihrer großen Bedeutung für das Zusammenleben der Menschen erwiesen. In einer Brudermann-Schwesterfrau-*Phantasie*, die Eros und Sexualität verbindet, vermögen wir eine ebenbürtige, gleichgewichtige und solidarische Beziehung zwischen Frau und Mann zu sehen, die sich viele heute lebende Menschen als Partnerschaft wünschen. Sie wird durch eine Frau und einen Mann geschaffen, die beide um ihren Wert wissen und ihn in die gleichwertige Beziehung einbringen können. Gleichwertige Beziehungen sind auch zwischen gleichgeschlechtlichen Paaren möglich, wobei ihnen andere Beziehungsphantasien zugrunde liegen als bei heterosexuellen Paaren.

Beziehungsphantasien wachsen und verändern sich entlang der eigenen und der paarbezogenen Entwicklung. Veränderungen von Beziehungsphantasien rufen nach Wandel. Wenn sie erkannt und im Paar miteinander geteilt werden, mögen sie zu einem neuen Gestalten der Paarbeziehung ermutigen. Sie können aber auch zu einer Krise führen, die nicht mehr im Paar bewältigt werden mag. Beziehungen und Liebe haben auch immer mit Begrenzungen, mit Trennungen und Abschieden, mit Unvollkommenheit und Unvermögen zu tun. Der Liebe ist etwas Unvorgesehenes und Unerwartetes zu eigen. Wir können sie nicht erzwingen, uns nur dafür offenhalten, indem wir unser eigenes Begehren lebendig halten. Liebe ist ein Geschenk des Lebens an uns. Das Begehren nach Liebe ist unstillbar, und immer wieder brechen wir auf, begegnen einem Menschen, versuchen das Unmögliche, versuchen den Himmel auf die Erde zu holen.

## Das Ringen um Partnerschaft

Madeleine, eine Frau in Paartherapie mit ihrem Mann Claude, sagt mit Nachdruck: »Ich will keinen Partner mehr, der mir ständig schuldig bleibt, was ich mir zutiefst wünsche. Ich liebe meinen Mann als Mann, als Vater unserer Kinder, als Lebenspartner. Seit bald zwanzig Jahren kämpfe ich darum, daß wir Zeit haben miteinander. Paarzeit, Liebeszeit, Zeit zu wachsen, Zeit zu sein. Zeit, um einander zu halten, und Zeit, um einander zu lassen. Ich mag nicht mehr um diese Zeit feilschen, vertröstet werden, warten und wieder enttäuscht werden.« Das Paar ist in Therapie gekommen, weil der Mann, Claude, seit einem Jahr eine Freundin hat. Claude hat diese Beziehung vor Madeleine verheimlicht. Madeleine hat es herausgefunden, und Claude kann es angesichts der erdrückenden Beweislast nicht länger abstreiten. Er habe diese Beziehung nicht gesucht, sagt er, sie sei ihm zugefallen, und er sei glücklich damit. Erst jetzt beginnt er zu realisieren, daß ihm etwas gefehlt hat in der Liebesbeziehung zu Madeleine. Er kann es noch nicht in Worte fassen. Er liebt Madeleine und will weiter mit ihr zusammenleben.

Wir werden auf Madeleine und Claude zurückkommen. Beide möchten miteinander weitergehen. Doch die aktuelle Beunruhigung und Irritation durch eine andere Beziehung hat auf schon lange bestehende Ungleichgewichte in der Paarbeziehung aufmerksam gemacht.

Die Vorstellungen und Wünsche an eine Partnerschaft haben sich in den letzten Jahrzehnten maßgeblich verändert. Neben der Ehe als patriarchalischer Institution, in der vorwiegend der Mann bestimmt und die Frau ihn komplementär ergänzt, gibt es bei Paaren mehr und mehr ein Ringen um Partnerschaft. Mit dem wachsenden Anspruch von Frauen auf ein eigenes Leben, auf Berufstätigkeit und Kinder, bedürfen außer- und innerfamiliäre Arbeit der Aushandlung.

Das Aufbrechen der traditionellen Selbstverständlichkeiten erzeugt in jedem Fall Unsicherheit und Angst. Partnerschaft und Ehe sind nicht mehr wie ehemals die lebenslange und selbstverständliche Versorgungs- und Sicherheitsinstitution. Gegenüber früher ist die Liebe in einer Beziehung wichtiger geworden. Die Liebeserwartung nimmt einen größeren Raum ein. Sie bedarf der Hingabe, der Pflege und der gemeinsamen Zeit. Der Alltag wird damit zur permanenten Auseinandersetzung und Aushandlung. Das ist der Preis dafür, daß die Liebe, und nicht mehr die Institution, im Zentrum der Beziehung steht.

Es gibt heutzutage nicht *mehr* eheliche Konflikte als früher, aber die Hemmungen und Hindernisse, diese Konflikte zu äußern und etwas verändern zu wollen, haben abgenommen. Der Zwang, beieinanderzubleiben, nimmt ab, seit auch die Frauen über eigenes Einkommen verfügen.

Diese Entwicklungen haben grundlegend die eheliche Beziehung und Rollenteilung verändert. In einer partnerschaftlichen Lebensform ringen Frau und Mann um Gleichwertigkeit und Ebenbürtigkeit.

Ein Paar durchlebt von der Eheschließung über das Zusammenleben mit kleinen Kindern bis hin zum Entlassen der eigenen Kinder aus der Familie Lebensphasen mit sehr unterschiedlichen Aufgaben. Wir wissen heute aus eigenen Erfahrungen und aus Untersuchungen, daß sich die Dynamik eines Paares wesentlich verändert, wenn Kinder dazukommen. Viele Ehepaare realisieren bis zur Geburt des ersten Kindes ein partnerschaftliches Leben, indem beide berufstätig sind und die Aufgaben im Haushalt geteilt werden. Die Geburt des ersten Kindes führt sehr häufig zu einer traditionelleren Arbeitsteilung, indem die Frau mehr familiäre Aufgaben übernimmt und der Mann sich auf seine Berufs- und Ernährerrolle konzentriert. Das heißt, die Aufgabenteilung wird komplementärer, wenn auch heutzutage kaum mehr vollständig komplementär. Wenn die Kleinkinder zu Schulkindern heranwachsen, engagieren sich kinderversorgende Frauen vermehrt im Beruf. Gab es bis in die achtziger Jahre bei den Müttern entweder die »Familienfrauen«, die sich ganz den familiären Aufgaben widmeten, oder die sogenannten »Doppelarbeiterinnen«, die sich gleichzeitig in Familie und Beruf betätigen, so haben in den letzten zwanzig Jahren die flexibel berufstätigen Mütter, die »Wechslerinnen« zugenommen.[32] Das Leben von Müttern und zunehmend auch von Vätern ist zu einer ständigen Balance zwischen familiären und beruflichen Aufgaben geworden. Innerhalb des Paares muß immer wieder ausgehandelt werden, wer wann welche Aufgaben übernimmt. Unsere Gesellschaft, die Gesetze, die schulische und außerschulische Betreuung von Kindern sowie die berufliche Welt sind immer noch weitgehend auf die »Familienfrau« und den lebenslang voll berufstätigen »Ernährermann« abgestimmt. Dadurch liegt die ganze Belastung einer partnerschaftlich-arbeitsteiligen Beziehungsgestaltung auf dem Paar.


## Liebe braucht ein Gleichgewicht

Madeleine und Claude haben sich in der Kinderbetreuung und Berufstätigkeit so aufgeteilt, daß Madeleine freiwillig ein *Mehr* an Haus- und Kinderarbeit übernommen hat und Claude von seiner vollzeitigen Berufstätigkeit ein entsprechendes *Weniger* für häusliche und familiäre Aufgaben einsetzt. Was beide unterschätzt haben, sind die Last und Auswirkung der jahrhundertelangen geschlechterspezifischen, asymmetrisch-komplementären Arbeitsteilung in Familie und Gesellschaft. Beide sind zutiefst davon geprägt, auch wenn sie dies weit von sich weisen. Ein Familienernährer und eine Hausfrau, beide je ein halbes Leben, wie Madeleine es nennt – das wollten sie nicht sein, vor allem sie nicht. Madeleine wirkte mit Leib und Seele im Haus und bei den Kindern und war glücklich, teilzeitig berufstätig zu sein. Was ihr immer fehlte in diesen Jahren, war die Paar-Zeit. Claude fiel es bei aller Liebe zu Frau und Kindern schwer, zu seiner freiwillig geleisteten Reduktion seiner Berufstätigkeit zu stehen. Er tat es zum einen aus Liebe und Einsicht und zum anderen im Bestreben, seiner Frau ein kooperativer Partner zu sein. Doch das häusliche Engagement wurde in diesen Jahren nie zu seinem eigenen Wunsch. Es blieb eine Verpflichtung, die ihm lange gar nicht so bewußt war. Er hörte immer wieder die Wünsche seiner Partnerin nach mehr Zeit zu zweit. Doch aus seiner Sicht war sein Kompromiß bereits ein großes Eingeständnis. In seine Leistung der Familienzeit subsumierte er auch die Paarzeit. Mehr lag für ihn nicht drin. Er tat damit sein Möglichstes. Unerwartet, wie er meinte, verliebte er sich in eine andere Frau. Ihre Liebe und Anerkennung wirkten wie ein Regen nach langer Trockenheit. Er blühte auf. Seine Liebe zu Madeleine blieb ungebrochen, deshalb wollte er diese neue Liebe auch ganz für sich behalten. Sie reicherte seine Berufstätigkeit an und inspirierte ihn in seinem Denken und Gestalten.

Zur Liebe zwischen Frau und Mann gehört, daß sie von beiden Seiten in vergleichbarer Intensität beantwortet wird. Madeleine spürte intuitiv, daß etwas nicht mehr im Einklang war zwischen Claude und ihr. Lange bevor ihr etwas davon bewußt wurde, reagierte ihr Körper auffällig. Wenn sie sich in den Armen lagen, tauchten unerwartet und unvermittelt sonderbare, körperlich spürbare Zweifel auf, ob er wirklich sie meinte. Sie begann an sich selber zu zweifeln. Monate später erst ging sie auf die Suche und fand heraus, daß Claude eine andere Beziehung hatte. Das war die Bestätigung der Ahnung, daß das emotionale Gleichgewicht zwischen ihr und ihm gestört war. Das partnerschaftliche Muster von Geben und Nehmen stimmte nicht mehr. Madeleine erlebte sich als die, die gibt und zu wenig erhält. Es wurde ihr bewußt, daß sie darauf achten wollte, nicht mehr zu geben, als Claude ihr zurückgeben konnte und wollte.

Und plötzlich brach es in der erwähnten Paartherapie-Stunde aus ihr heraus, daß sie nicht länger mit einem Partner leben wolle, der schon längst in ihrer Schuld stehe. Es war dies eine bemerkenswerte Formulierung, weil sie sich nicht in Anklagen an den Partner erschöpfte, sondern eine eigene Werthaltung und einen spezifischen Stolz deutlich machte. Madeleine hat sich das erste Mal in ihrer Beziehung zu Claude gewehrt, erzählt sie, sie habe in allen diesen Jahren zuviel gemacht.

Auf meine Frage an beide, in welche Eigenheiten des andern sie sich verliebt hätten zu Beginn, antwortet Claude, ihm hätte ihre besinnliche Sinnlichkeit gefallen sowie ihre geduldige und intensive Art des Gesprächs und ihre Unerschrockenheit in Konflikten. Und sie hat sich in seine Lebendigkeit, Offenheit, Lebensfreude und Großzügigkeit verliebt.

## Lieben und Entlieben

Wie oft festzustellen ist bei Paaren in Krise, sind beim Verlieben und beim Entlieben dieselben Eigenheiten des andern im Brennpunkt. Das eine Mal geschieht es im idealisierenden, das andere Mal im desidealisierenden Sinn. Das Entlieben ist eine Neuauflage der Verliebtheit mit umgekehrten Vorzeichen.[33] Noch wissen wir nicht, ob Claudes Verliebtheit in eine andere Frau die Ursache oder eine Folge des noch nicht bewußten Entliebens von Madeleine ist. Was Claude an Madeleine immer gefallen hat, nämlich ihre Besinnlichkeit, Sinnlichkeit, Geduld und eine entsprechende Gesprächs- und Konfliktkultur, erfordert viel gemeinsame Zeit. Diese Paarzeit hat sie sich die ganzen Jahre lang intensiv gewünscht. Claudes liebenswerte Vorzüge haben viel mit Spontaneität und Tempo zu tun. Es ist das, was er auch heute lebt und wovon er nicht ablassen will. Madeleine und Claude leben in ihrer Arbeit und in ihren Gefühlen und Bedürfnissen in verschiedenen Welten. Ihre Partnerschaft nehmen beide aus verschiedener Sicht wahr und beschreiben sie so, daß ich mich mit Staunen frage, ob sie von derselben Paarbeziehung und Familie sprechen.

Bei den nun zunehmenden wechselseitigen Vorwürfen fiel mir auf, wie komplementär bei beiden das Liebenswerte und das Störende zusammenpaßte. Wo er ihr vorwarf, sie verhake sich in jedes Problem, ging er für sie über alle Probleme hinweg und wollte einfach schnell eine Problemlösung auf dem Tisch haben. Ihr ging es zu schnell, ihm zu langsam. Für ihn war die eheliche Beziehung eine Selbstverständlichkeit, für sie mußte sie immer wieder neu gestaltet werden. Beiden fehlte zutiefst die Anerkennung durch den Partner, die Partnerin. Gemeinsam hielten sie das Familienschiff flott, doch im persönlichen Liebesleben fühlten sich beide zu kurz gekommen.

Eine Beziehungskrise offenbart immer auch den eigentlichen Schatz einer Liebesbeziehung. In der Therapie geht es darum, diesen Schatz zu finden und ans Licht zu heben. Er besteht in den Beziehungsphantasien von Frau und Mann. Dann kann es unter Umständen möglich werden, eine neue gemeinsame Beziehungsphantasie zu entwickeln und die Beziehung so zu gestalten, daß beide wieder zur gegenseitigen Anerkennung finden. Madeleine und Claude sind neben ihrer Einzigartigkeit als Persönlichkeiten wie auch als Paar ein typisches Beispiel für das Ringen von Frauen und Männern um ein eigenes erfülltes Leben und um eine partnerschaftliche Lebensgestaltung. Dies geschieht in einer Zeitepoche, in der (zu)viel gesellschaftliche und traditionelle Last auf dem Paar liegt. Drittbeziehungen, asymmetrisch-komplementäre Arbeitsteilungen, ungestillte Bedürfnisse und offene emotionale Schulden schaffen ein Gefälle und stören die Ebenbürtigkeit und Gleichwertigkeit in der Beziehung. Die erfolgten Verletzungen sind sichtbar und müssen einander zugestanden werden. Es gibt keine Schuldigen und Unschuldigen. Beide Partner sind beteiligt am Ungleichgewicht und leiden schmerzvoll daran. Jeder Partner hat die Pflicht und auch das Recht, die Folgen seines Handelns zu tragen und mit dem Groll des andern konfrontiert zu werden. Dieser Konflikt bedarf der Lösung im Paar und im Umgang mit Drittbeziehungen, die so häufig die Folge eines noch wenig bewußten, doch seit längerem dauernden Ungleichgewichts sind.

Nicht immer ist ein Neubeginn für das Paar, das zur Therapie kommt, möglich. Manchmal kann der Konflikt nicht im einvernehmlichen Sinn gelöst werden. Die seit einigen Jahren mögliche Mediation, eine Methode der Beratung und Vermittlung im Konflikt, ist als eine Alternative und Vorbereitung zum Gerichtsverfahren bei Trennungen und Scheidungen sowie auch bei Nachbarschafts- und Arbeitskonflikten entwickelt worden. Die Person des Mediators oder der Mediatorin als Vermittlerin fördert bei beiden Partnern die Fähigkeit zur Selbstbehauptung und zum gegenseitigen Verständnis und leitet zu sachgerechtem und fairem Verhandeln an. Es ist ein Verfahren, das von der Ebenbürtigkeit und Gleichwertigkeit der Partner ausgeht.

Nie wird es möglich werden, eine Ebenbürtigkeit ein für allemal zu erringen. Vielmehr geht es unentwegt um Annäherungen daran, auf derselben Ebene zu sein, erwachsen zu sein und nicht ins Gefälle Eltern-Kind abzurutschen. Im Gegensatz zum Eltern-Kind-Verhältnis, das eine Vertikale bedeutet, begegnen sich die Liebespartner idealerweise auf einer Horizontale. Nun ist es möglich, daß ein Partner die Rolle des Kindes besetzt und den Partner zu einem Elternverhalten herausfordert. Wenn ein Mann zu seiner Frau sagt, daß er ohne sie nicht leben kann oder daß er sich umbringt, wenn sie ihn verläßt, äußert er den Anspruch ständiger Umsorgung und Versorgung. Das ist der Anspruch des Kindes an seine Eltern. Es ist ein Verhalten, das gegen die Ebenbürtigkeit der Partner verstößt. Zur Ebenbürtigkeit des Partners gehört, daß man den anderen so lassen kann, wie er ist. Wer den anderen verändern will und hofft, daß der andere sich in seiner Gegenwart nach seinen Wünschen entwickelt, ist bereits in der Elternrolle, und zwar in einer dominanten, fordernden.[34] Ebenbürtigkeit verlangt nach Anerkennung des anderen als anderer und eigener und nach der Wertschätzung von sich selber als andere/r und eigene/r. Dieser Anspruch muß sich immer wieder am notwendigen Alltag und seinen Anforderungen reiben.

## Partnerwahl und Geschwisterbindung

Bevor wir uns Elsa zuwenden, sind einige Bemerkungen zu Geschwisterbindung und Partnerwahl angebracht. Nicht von ungefähr kommt erst anfangs des zwanzigsten Jahrhunderts jemand, nämlich Freud, auf den Gedanken, über Liebes- und Partnerwahl nachzudenken und damit den seelischen Wirklichkeiten der Verliebtheit nachzuspüren. Bis dahin hatten die Paarbildungen anderen Gesetzen zu folgen, jedenfalls die genehmigten, die man vorzeigen konnte. »Liebesheirat ist ein Wahnsinn« (Freud), und bereits das ganz normale Verlieben enthält wahnhafte Aspekte. Doch der Wahn folgt gewissen Regeln – das ist entscheidend. In der Nachfolge Freuds wurde seither von zwei beiden Typen des Sichverliebens gesprochen. Nach dem sogenannten Anlehnungstyp »lehnt« man seine Liebe an die Person an, von der die ersten Befriedigungserlebnisse stammen. Das sind in der Regel elterliche Figuren. Nach dem anderen, dem narzißtischen Typ, wählt man eine Person nach dem Bild von sich selber.

Und wie erklären wir uns die so häufig vorkommenden Verliebtheiten, die geschwisterliche Aspekte enthalten? Ein Mann heiratet die Schwester seines besten Freundes; eine Frau den Bruder ihrer besten Freundin. Es werden die Doppelgänger der besten Freunde gewählt, und wir können uns gar fragen, ob eigentlich der Freund oder seine Schwester, die Freundin oder ihr Bruder gemeint sind. Eine Frau wählt einen Partner oder eine Partnerin nach dem Vorbild ihrer Schwester. Ein Mann mißt jede Partnerbeziehung an seiner Bruderbeziehung. Eine Frau wird in jeder Liebesbeziehung mit der Zeit unglücklich, weil sie sich anders entwickelt als ihre Beziehung zu ihrer Schwester. Zudem hat sie Angst, durch eine Partnerbeziehung ihre Schwester zu verlieren.

Anhand mannigfaltiger Erfahrungen wage ich zu behaupten, daß die intuitiven Sende- und Empfangsantennen,

Lassos und Angelhaken der Geschwisterbeziehungen eine mindestens ebenso bedeutende Rolle spielen bei der unbewußten Liebeswahl wie die Konstellationen im ödipalen Dreieck. Doch das wäre ein anderes Buch.

Elsa ist eine jüngere Frau, die wegen Beziehungsschwierigkeiten die Therapie aufsucht. Nachdem sie ihre bisher wenig geglückten Beziehungen geschildert hat, erzählt sie von ihrer Kindheit und Jugend. Sie ist mit der ein Jahr jüngeren Schwester Nora aufgewachsen. Eine Kindheit lang waren sie ein unzertrennliches Schwesternpaar, gleich groß und gleich kräftig, aber mit unterschiedlichen Bedürfnissen und Ausrichtungen. Sie nahmen sich ein Vorbild am gemeinsamen Elternpaar, das sehr bezogen aufeinander und auf die Töchter hin lebte. Später kamen Freundinnen und Freunde dazu. Das Paarmodell blieb Orientierungshorizont, bis der ein gutes Jahrzehnt später geborene Bruder dieses Modell sprengte und in der Familie integriert werden wollte. Der kleine Ralf verschaffte sich mit seiner Lebendigkeit einen Platz in dieser zwei-dyadischen Familie und machte für das Eltern- und Schwesternpaar neue Orientierungen und Ausrichtungen notwendig.

Ich lernte Elsa kennen, als sie dreißig Jahre alt war. Ihre verschiedenen unglücklich verlaufenden Beziehungen zu Frauen und zu Männern hatten sie zutiefst verunsichert und schließlich resignativ gestimmt. Ihre dominierende Paarphantasie war immer noch geprägt vom kindlichen Zusammenspiel mit der geliebten Schwester. Es dauerte lange, bis sie merkte, daß sie in ihren erwachsenen Paarbeziehungen die Schwester »dazwischenstellte«. Ihre Liebesbeziehungen scheiterten zum einen daran, daß sie sich anders entwickelten als ihre Schwesternbeziehung, und zum anderen an ihrer Angst, ihre Schwester zu verlieren.

Erst als es ihr bewußt geworden war, daß ihre Schwesternbeziehung etwas Einzigartiges, Unwiderrufliches und

Unverlierbares war, das niemand zerstören konnte, wurde der Weg wieder frei für eine neue Liebe. Sie mußte in der Beziehung mit dem gleichaltrigen Mann nicht mehr darum kämpfen, daß sie »gleich« war wie ihre Schwesternbeziehung. Sie konnte sich andere, vielfältige Beziehungsphantasien und -gestaltungen erlauben und gleichzeitig ihrer Schwester treu bleiben.

Eltern und Geschwister sind im familiären Aufwachsen für ein Kind die ersten Liebespartner, die begehrt, geliebt und gehaßt, ersehnt und verdammt werden. Ihr Bild begleitet Menschen ein Leben lang. Während es immer schon klar schien, daß die Mutter- und Vaterbilder die Partnerwahlen und Partnerschaften prägen, dauerte es bis heute, um auch den lange unterschätzten Geschwisterbeziehungen diese maßgebliche Beeinflussung zuzugestehen. Jede neue Liebeserfahrung im Erwachsenenalter knüpft wieder am Wunsch an, in der geliebten Person die primären Liebespersonen wiederzufinden. Gleichzeitig soll die geliebte Person alles Schmerzliche und Beglückende, Recht und Unrecht wiedergutmachen oder herstellen, das die früheren Liebespersonen einem zugefügt haben. Es kommt hinzu, daß man die ursprünglichen Liebespersonen nicht verlieren möchte. Waren der Bruder oder die Schwester die prägende frühe Liebe, scheint die Angst vor Verlust größer zu sein, als wenn es eine elterliche Figur war. Offenbar liegt die Geschwisterbeziehung der phantasierten Verschmelzung und Vernichtung am nächsten. So erlebe ich in Geschwister-Selbsterfahrungsgruppen immer wieder, daß Frauen und Männer erst die Beziehung zum (Lieblings)Geschwister klären müssen, um ihre Paarbeziehung zu verstehen oder eine neue Liebesbeziehung eingehen zu können. Es wird oft erst nach Überwindung großer Ängste und Widerstände bewußt erlebt, daß die Beziehungsprobleme als Erwachsene eng mit der erlebten Geschwisterbindung zusammenhängen.

## Wie kann es weitergehen mit den Paaren?

Wir sind in Sache Paarbeziehungen noch nicht im Zeitalter der ebenbürtigen, gleichwertigen Partnerschaften angelangt. Doch der Wunsch danach wird in Beziehungsphantasien immer stärker ausgedrückt. Zum einen bedürfen frühere geschwisterliche und familiäre Beziehungen der Aufarbeitung. Zum andern prägt uns Frauen und Männer die traditionelle Last einer patriarchalischen Tradition weit mehr, als uns lieb ist. Erlebte familiäre und gesellschaftliche Macht haben uns für die Vertikale, das Oben und Unten, sensibilisiert. Die Geschichte ist voll von Beziehungsphantasien, die um den Sohngeliebten, die Tochtergeliebte und die Mutter- oder Vatergeliebten kreisen. In den erwähnten Phantasien der Schwesterfrau und des Brudermannes im reifen und ganzheitlichen Sinn zeichnet sich eine horizontale Beziehungsmöglichkeit ab, die von reifen und ganzheitlichen, solidarischen und erotischen Menschen gestaltet wird.

Es wäre falsch anzunehmen, daß alle Männer abgeneigt sind, sich auf Veränderungen einzulassen. Und Frauen können, vor allem in der häuslichen Sphäre, durchaus gewalttätig sein gegenüber Männern. Durch ihre Erfahrungen mit Schwangerschaft und Geburt spüren Frauen ihre besondere Bedeutung. Männer müssen sich ihre Wichtigkeit auf andere, meist außerfamiliäre Weise sichern. Die Anerkennung der Differenz in Ebenbürtigkeit ist für Frau und Mann eine höchst anspruchsvolle Aufgabe in einer Gesellschaft, die machtmäßig stärker vom Männlichen geprägt wird.

Die Fragen »Wer bin ich?« und »Wie und mit wem will ich leben?« sind Kernfragen der persönlichen Identität. Sie müssen in der individuellen Suche, im Paar und in der Auseinandersetzung unter Freunden, Kollegen, Verwandten, Nachbarn und weiteren Gleichgesinnten angegangen werden. Das letztere erscheint wichtig, damit das Paar immer wieder Entlastung und Erweiterung erfährt. Wir sind heute, wo vieles offen und veränderbar erscheint, ungleich stärker gefordert in unserer Beziehungs- und Konfliktfähigkeit. Mehr und mehr werden Paar-Therapien in Anspruch genommen, um solche Fragen und Probleme zu klären. TherapeutInnen stehen nach meinem Verständnis auf der Seite des Begehrens, des Gefühls, der Wünsche und Phantasien. Letztlich geht es in einer Therapie darum, die Wünsche und Phantasien in Zirkulation zu bringen. Das wird oft angstvoll abgewehrt mit dem Hinweis auf gefürchtete Verantwortungslosigkeit in ehelichen und familiären Verpflichtungen. Doch erst wenn die Phantasien zirkulieren, werden paareigene und je eigene Möglichkeiten erkennbar und diskutierbar. Dann wird es möglich, Liebe und Institution sinnvoll zu verknüpfen. Dazu gehören faire Konfliktlösung, Umsetzungsstärke, freudvolles Tun und Lassen im ständigen Austausch.

Das Paar ist *eine* mögliche Lebensform, um Begehren, Lebendigkeit und Liebeskraft zu leben. Es ist nicht die alleinseligmachende, wie uns das unsere Kultur, die Werbung, die Massenmedien und manche psychologischen Ratgeber vorgaukeln. Der Blick vom Paar auf die Gruppe – auf unsere sonstigen Beziehungen, auf Freundschaften, den Kollegenkreis und so weiter – öffnet den Blick dafür, daß wichtige Teile unserer vielfältigen Beziehungsmöglichkeiten auch mit anderen Menschen zur Entfaltung kommen können und dürfen.

Die ursprüngliche Verliebtheit und Verrücktheit verändert sich über die Jahre. Die Harmonieansprüche und Erwartungen des Anfangs verwandeln sich im Alltag im besten Fall in die Kunst, die nicht vermeidbaren Mißverständnisse und Kränkungen so liebenswert und angenehm wie möglich zu gestalten und zu überwinden versuchen. Denn

»Immer wieder, ob wir der Liebe Landschaft auch kennen
und den kleinen Kirchhof mit seinen klagenden Namen
und die furchtbar verschweigende Schlucht,
in welcher die anderen enden: immer wieder
gehn wir zu zweien hinaus unter die alten Bäume,
lagern uns immer wieder zwischen die Blumen
gegenüber dem Himmel.« (Rilke)

Die wichtigste Beziehungsaufgabe im Leben besteht darin,
sich selber und dem anderen die Selbst- und Menschwer-
dung, das Wachsen, zu ermöglichen. Das ist Aufgabe jedes
Paares, sei es nun geschwisterlich oder/und freundschaft-
lich, in Liebe oder/und in Ehe, miteinander verbunden.

## Vergegenwärtigung VI

Unser größtes Begehren ist jenes nach Liebe.

Unsere größte Mühe ist das Ringen um Partnerschaft, um Ebenbürtigkeit und Gleichwertigkeit in der Liebe.

Geschwisterbindung und Partnerwahl – möglicherweise ein Thema.

»Immer wieder, ob wir der Liebe Landschaft auch kennen, gehen wir zu zweien hinaus…«

und

»Hoffnung ist nicht Optimismus, nicht die Überzeugung, daß etwas gut ausgeht, sondern die Gewißheit, daß es einen Sinn hat, ohne Rücksicht darauf, wie es ausgeht.«[35]

# 7. Von der Sehnsucht nach Liebe, Anerkennung und Gleichwertigkeit

*Denn das ist jetzt schon die ganze Zeit mein Leben lang, was diesen Zustand charakterisiert: das temporäre Verschwinden meiner Selbst. Ich gehe unter, ja, ja, ich gehe unter. Nur weil ich – ein paar Stunden lang – keine Liebe gekriegt habe. Und ich brauche Rettung, ich muß gerettet werden, jedesmal aufs neue. Und die Rettung muß von außen kommen, denn aus mir kommt sie nicht mehr. Ich habe mich schon auf die letzte Körperzelle durchforstet und abgeklopft nach Selbsthilfe.*

Anne Duden

## Mir kann niemand mehr helfen

»Ich brauche Rettung«, »Ich habe mich schon abgeklopft nach Selbsthilfe«, »Das temporäre Verschwinden meiner Selbst« – die Dichterin, die uns mit ihren Texten durch dieses Kapitel begleiten wird, findet anschauliche und treffende Worte dafür, wie sich leidende Menschen fühlen können, wenn sie in Therapie kommen. Sie schildern sich hilflos, verzweifelt und hoffnungslos, am Ende und ganz unten. Wir TherapeutInnen oder Angehörige oder FreundInnen versuchen dann herauszufinden, was ansteht, was diese Menschen zu uns führt. Vielleicht werden wir in dieses verzweifelte Szenario »Mir kann niemand mehr helfen« hineingezogen. Oder wir werden als Retter wahrgenommen, die den Rettungsring auswerfen können, woran sich der oder die Ertrinkende halten kann. Beide Extreme sind wenig verlockend. Es ist uns Angesprochenen bewußt, daß wir die Verzweiflung zu teilen haben, aber auch an den Lebenswillen anknüpfen müssen, selbst wenn wir im Augenblick nichts davon verspüren. Nur so können wir mit der hoffnungslosen, hilflosen Person in ein therapeutisches Gespräch eintreten.

Ein solches Gespräch beginnt zwischen ungleichen Partnern mit unterschiedlichen Beziehungsphantasien. Die Therapeutin steht auf der Seite des Lebens und bietet Einfühlung und Mitgefühl, Zeit und Raum, Solidarität, Verläßlichkeit und berufliche Erfahrung im Umgang mit Verzweiflung und Hoffnungslosigkeit an. Seelische Wandlung und seelisches Wachstum sind oberstes Ziel. Die Klientin überträgt ihre Ängste und Hoffnungen, ihre Beziehungserfahrungen und Beziehungsmöglichkeiten auf die Therapeutin (in sogenannten Übertragungen). Im Hin und Her von Übertragungen der Klientin und Gegenübertragungen der Therapeutin ereignet sich das therapeutische Gespräch. Es wird durch das gegenseitige Arbeitsbündnis geschützt.

Wird es möglich werden, daß sich dieser Austausch von Stimmen, Blicken und Gesten auf einer möglichen Horizontale von Liebe, Anerkennung und Gleichwertigkeit einpendelt? Werden Zusammengehörigkeit und eine Art von geschwisterlicher Solidarität unter anfangs ungleichen Partnern möglich im Dialog? Diese Fragen begleiten mich in Therapien.

Ich erinnere mich an eine Klientin, die mich in einer großen Hoffnungslosigkeit aufgesucht hat. Nach langem Schweigen beginnt Camilla mit dem Satz *j'étais toujours seule,* ich war immer allein. Damit charakterisiert sie ihr bisheriges Leben. Es umfaßt eine Kindheit und Jugend in einem Mittelmeerland, einen toten Bruder, nach dem sie sich heute noch sehnt, und abwesende Eltern, die in einem anderen Land als Migranten arbeiteten; es umfaßte weiter eine erzwungene und zerrüttete Ehe im Heimatland und die Geburt einer Tochter vor sechs Jahren. Um der Tochter einmal ein gutes Leben zu ermöglichen, vor allem aber, um dem Ehemann zu entkommen, ist sie in die Schweiz emigriert – wie ihre Eltern. Später wollte sie die Tochter zu sich nehmen. Fern von der Heimat und von ihrer kleinen Tochter hat sie ein neues Glück mit einem Partner erlebt. Das wurde von ihren Eltern und ihrem Mann im Heimatland nicht akzeptiert. Sie verstießen Camilla und verboten ihr den Kontakt zu ihrer bei den Großeltern lebenden Tochter. Camilla setzte mit ihrem Herzweh alle Hebel in Bewegung. Das schmerzliche Sehnen ihrer Seele, das sie bereits ihr ganzes Leben begleitete und das sich jetzt im Heimweh nach der fernen Tochter Ausdruck verschaffte, wurde immer größer. Alle Versuche, mit ihrer Tochter aus der Ferne einen Kontakt zu unterhalten, scheiterten am Widerstand des Ehemanns und der Eltern. Beim letzten Telefonat bat die Tochter ihre Mutter, sie nicht mehr anzurufen.

Camilla publizierte daraufhin in den größten Tageszeitungen ihres Heimatlandes ein Inserat, in dem sie die Gefühle für ihre Tochter zum Ausdruck brachte.

Wenn ich mich an die Gesprächsversuche mit Camilla zurückerinnere, glaube ich zu erkennen, daß meine Hoffnungslosigkeit und Verzweiflung als Gegenübertragung damit zu tun gehabt haben, daß Camilla die Frage, ob sie überhaupt noch etwas tun könne, für sich bereits abschlägig beantwortet hatte. Im nachhinein scheint mir, sie habe mir ihre Kindheitserfahrung nahegebracht, daß für die im Übermaß vorhandenen Liebesgefühle nicht die richtigen Personen da waren. Es gab nur den toten Bruder und die abwesenden Eltern. So blieb die erwachsene Frau zur Sehnsucht verurteilt. Diese Sehnsucht glaube ich erst heute als solche benennen zu können. In den Stunden erlebte ich ihre Stummheit; und wenn sie sprach, ihre Härte, die Abweisung und die Klage, daß ihr nicht zu helfen sei, daß sie mit ihrem Partner allein sei auf der unmöglichen Suche nach mehr Nähe zu ihrer Tochter und daß sie letztlich überhaupt allein sei.

*J'étais toujours seule.* Im nachhinein als Zeichen zu deuten, erinnere ich mich an diverse »Abbrüche« innerhalb der Therapie, sei es im emotionalen Rückzug innerhalb der Stunden, sei es im unabgemeldeten Nicht-Erscheinen zu Sitzungen. Ich erlebte ihr Leben als eines, das von Rückzügen und Abbrüchen gekennzeichnet war. Schließlich schien es für sie keinen anderen Ausweg mehr zu geben als den endgültigen Abbruch, den Suizid, der ihr im wiederholten Versuch gelang. Sie ging in der nördlichen Fremde, an ihrem Wohnort, ins Wasser. In ihrem Abschiedswort schrieb sie, daß sie nicht mehr länger warten könne. Ihr neuer Partner konnte sie nicht halten, und ich konnte sie auch nicht halten. Der Partner ging mit der tragischen Geschichte an die Öffentlichkeit, »damit mehr Menschen ihre Augen für die Probleme anderer öffnen und damit solche Verzweiflungstaten verhindern helfen« (Bericht in einer Schweizer Zeitung).

Camilla hatte ein Jahr zuvor beim Antritt einer neuen Arbeitsstelle die Therapie abgebrochen. Ich ließ sie ungern gehen, weil ich ihre Verzweiflung spürte und sie bereits mehrere Suizidversuche hinter sich hatte. Ihr und ihres Partners Hinaustreten an die Öffentlichkeit und die Rücksprache mit dem Partner haben mich ermutigt, den manifesten und den latenten Sehnsüchten, die in einer solchen Begegnung mit einem leidenden Menschen beide Seiten umtreiben, nochmals nachzugehen. Camilla war ihrer deutlich ausgedrückten Sehnsucht nach Anerkennung und Gleichwertigkeit im Leben unterlegen. Die liebenden Gebärden ihres Partners und die Anerkennung und Würdigung ihrer Therapeutin reichten nicht aus zum Weiterleben.

## Annäherungen an die Sehnsucht

»Heimweh« wurde im siebzehnten Jahrhundert erstmals vom Basler Mediziner Johannes Hofer in seinem Werk *De*

*Nostalgia oder das Heimweh* als solches benannt und als
»Schweizerkrankheit« am Beispiel von Schweizer Söldnern
in Frankreich beschrieben. Heimweh war keineswegs etwas
spezifisch Schweizerisches, sondern wurde zum psychiatri-
schen Begriff, »der eine Zeitlang eine eigene Existenz fri-
stete, um dann im großen Gebiet der Melancholie und
schließlich der Depression aufzugehen«.[36]

»Fern der Heimat habe ich oft Heimweh nach der Heimat
der Bilder«, schreibt Van Gogh an seinen Bruder Theo.
»Statt mich in Verzweiflung gehenzulassen, habe ich mich
für die tätige Melancholie entschieden, insofern Tätigkeit in
meiner Macht stand, oder mit anderen Worten, ich habe die
Melancholie, die hofft und strebt und sucht, einer Melancholie vorgezogen, die trübsinnig und tatenlos verzweifelt.«[37] Erwähnt sei auch Freuds Bemerkung über Sehnsucht als »nicht die Nostalgie oder der Schmerz über das
unmögliche Zurück; es ist das Sehnen nach einem Ort, der
auf keiner Karte verzeichnet ist; es ist die Zukunft der Vergangenheit, so weit, bis daß sich der Anblick verliert.«[38]
Sollte denn das absolut Unerträglichste und Unvorstellbar-
ste am Verlust der Liebe der Verlust des Anblicks sein? Der
Wunsch zu sehen und gesehen zu werden, zu erkennen und
erkannt zu werden, und die Angst vor der Unfähigkeit, Un-
sichtbares zu lieben, scheinen den Urgrund von Heimweh
und Sehnsucht auszumachen. Wir träumen mit offenen
und geschlossenen Augen, um wieder und wieder das
Verschwundene zu erblicken. Da die Vergewisserung nie
möglich ist, bleibt die Sehnsucht eine immerwährende, die
das Sehenwollen aufrechterhält. Gerade der Traum vermittelt uns das Paradoxon, daß man das Sehen verlernen
muß, um das Wesentliche zu erkennen, das für die Augen
unsichtbar ist. »Man muß mit dem Herzen sehen«, sagt
der Kleine Prinz von Saint-Exupéry, und dieser nennt den
Ort der Sehnsucht, indem er schreibt, daß »man Gefahr

läuft, ein bißchen zu weinen, wenn man sich hat zähmen lassen«.

Narzißtische Verletzungen als auslösende Elemente und die familiäre und soziale Situation als zusätzliche Faktoren können die Sehnsucht in eine tödliche verwandeln. »Ich muß buchstäblich gehoben werden, an- und aufgehoben. Aus diesen Überflutungen heraus, aus diesem Land-unter-Wasser-Zustand, in den mich die anhaltenden Weinanfälle gebracht hatten. Ich muß abtropfen, langsam trocken und ruhig werden und dann möglichst schnell mit einem Übermaß an Liebe bis zum Bersten angefüllt werden« (Anne Duden). Wenn diese Liebe nicht kommt, ereignet sich Unheil.

Ein selbstgewählter Tod einer Klientin konfrontiert die PsychoanalytikerIn mit den eigenen Sehnsüchten. Auch wenn es nicht die ganz vermessenen Sehnsüchte nach Heilung eines Hilfe suchenden Menschen sind, so ist es die Sehnsucht danach, einen Menschen in seiner Verletzung innerlich zu erreichen, die Verletzung mitzutragen, sich anbieten zu können als möglichst gute Therapeutin, die bereit ist, ein Stück Weges zur Bewältigung und Selbstheilung mitzugehen. Dieser Versuch kann mißlingen. Der Sog solcher verletzter Menschen in die kindhafte Zeit, in die Ewigkeit, wird größer als die Möglichkeit, sich mit der Unerfülltheit der Wünsche auseinanderzusetzen und die Enttäuschung oder den Verlust anzunehmen und zu betrauern. Das Wissen darum, daß eine Heilung der Sehnsucht nur über die Trauerarbeit erfolgen kann, ermöglicht in der therapeutischen Beziehung noch nicht den Weg hin zu dieser Trauer. So kann die therapeutische Sehnsucht mißlingen, einen Menschen mit seinem Schicksal zu versöhnen und mit ihm auf ein Weiterleben hinzuarbeiten. Die notwendige Trauer, die eine gemeinsame hätte werden können, wird dann zu jener der Therapeutin nach dem Suizid.

## Der Wunsch, die Sehnsucht, die Sucht

Der Wunsch, zu leben und zu lieben, macht unser Menschsein aus. In unseren Wünschen ahnen wir, was sein könnte. Wünsche sind Vorahnungen unserer Möglichkeiten. Die Sehnsucht treibt Menschen auf einen gewünschten Zustand und Ort hin und nährt immer wieder die Hoffnung auf Erfüllung. Wenn sich die lebendige Sehnsucht als unstillbar, unerfüllbar erweist und als solche nicht angenommen werden kann, kann sie in eine tödliche Sehnsucht umschlagen, in Selbstmord oder in (meist stoffgebundene) Sucht. In beiden werden Liebes- und Glücksansprüche, Angst- und Haßgefühle aufgehoben. Die »Verlassenheitsgebärden«[39] sehnsüchtiger Menschen kreisen um die emotionale Verlassenheit des Kindes. Sie verweisen auf die allem Menschsein inhärente Sehnsucht nach Liebe und Geborgenheit. Die Würdigung der Verlassenheitsgebärde ist eine horizontale, anerkennend zugewandte Geste. Doch diese Geste kann zuweilen die Verlassenheit nicht aufheben, weil sie in ein kompensatorisches Begehren einer unendlichen Sehnsucht mündet. »Es ist eine Geste der Sehnsucht nach Mutter und Bemutterung, eine Geste, die immer wieder, weil erwachsene Welt nicht Kinderwelt ist, ›geschlagen‹ wird, das heißt, Enttäuschung, Kränkung, Wut und Depression einbringt, sich aber bei einer noch so geringen Hoffnung auf Erfüllung wieder zu regen beginnt.«[40]

In der therapeutischen Arbeit mit alkohol- und medikamentensüchtigen Frauen und Männern habe ich erfahren, daß im akuten Stadium der Sucht die quälend und unstillbar erlebte Sehnsucht nurmehr als Drang nach einem bewußtseinsverändernden Stoff erfahren wird. Die Sehnsucht ist so unerträglich geworden, daß sie sofort und wirksam der Erlösung bedarf. Der Tag danach ist bereits aus dem Blickfeld gerückt. Es geht nur noch um den Augenblick. Die ganz und gar normalen menschlichen Wünsche und Sehnsüchte nach Geborgenheit, Liebe, Sicherheit und Anerkennung haben einer inneren Leere Platz gemacht. Suchttherapie bedeutet das Ende der Naivität, helfen und heilen zu können. Sie ist ein existentieller Kampf, da jeder Rückfall in die Sucht eine Konfrontation mit dem Tod bedeuten kann. Im gelingenden Fall erleben wir die Selbstheilung, die Selbsterneuerung, wo alte Muster aufgebrochen werden können und Menschen bereit sind zu konkreten Veränderungen.

Kaspar, ein fünfzigjahriger Alkoholiker, der sich für eine Therapie anmeldet, hat den Glauben daran, daß ihm noch zu helfen ist, nahezu verloren. Er lebt vereinsamt und hat doch in einem hoffnungsvollen Moment den Entschluß gefaßt, »es nochmals zu versuchen«. Unser Gesprächsfaden ist dünn und prekär. Immer wieder gibt es tagelange Alkoholabstürze, an denen er nicht in die Stunden kommt. Ich erfahre meine Hilflosigkeit und glaube zu spüren, daß ich ihn nicht halten kann. Er kommt aber immer wieder, wenn nicht in die nächste, dann in die über- oder über-übernächste Stunde. Wir reden weiter. Kaspar denkt nicht an Selbstmord, jedenfalls versichert er mir das. Aber mit seinen Alkoholexzessen praktiziert er den Selbstmord auf Raten. Zwei Jahre lang kreisen unsere Gespräche um die Wucht und Gewalt des »Rebensaftes«, immer wieder, einmal verzweifelter, einmal hoffnungsvoller. Nach zwei Jahren ereignet sich ein derart gewaltiger Absturz, daß seine immer schon prekäre Gesundheit lebensgefährlich bedroht ist. Erst jetzt kann Kaspar sich zu einem Entzug und einem stationären Aufenthalt entscheiden. Natürlich war das immer schon Thema gewesen in unseren Stunden. Hin und wieder hatte ich den Vorschlag eingebracht. Die Einsicht dazu war nicht vorhanden. Es brauchte eine noch verzweifeltere, lebensgefährliche Situation, bis Kaspar sich zu diesem »Freiheitsentzug«, wie er es nannte, entschließen konnte. Es dauerte mehrere Wochen, bis er sich mit seiner »Versorgung« anfreunden konte und seinen Alkoholentzug als Chance zu Kontakten und Begegnungen zu nutzen begann. Erst nach diesem Klinikaufenthalt konnten wir langsam seinen Wünschen und Sehnsüchten im Gespräch nachgehen. Sie waren in den langen Suchtjahren im Zwang zum Rausch völlig verborgen geblieben. Das Wiederanknüpfen an die frühen Wünsche wurde zum schmerzvollen Prozeß für uns beide. Viele Pläne waren aus gesundheitlichen und altersmäßigen Gründen nicht mehr möglich zu realisieren. Auf vorsichtige und bescheidene Art begann Kaspar Alternativen zum Rauscherlebnis und zum Vergessenwollen zu entwickeln und auszuprobieren. Er hatte sich wieder auf die Seite des Lebens gestellt. Nicht ein für allemal, sondern immer wieder mit Rückschlägen. Er wußte, daß ein solcher Rückschlag eines Tages für ihn tödlich enden konnte. In solchen Phasen kämpfte ich in meinem Innern darum, weiter an Kaspar glauben zu können. Ich wollte und durfte ihn innerlich nicht fallenlassen. Es fiel mir oft schwer. Zwischendurch gab es Lichtblicke im wiederaufgenommenen Gespräch. Er gab mir zu verstehen, wie wichtig es für ihn war, daß ich an ihn glaubte und ihn in seinen Möglichkeiten und Beschränkungen würdigte. »Ich bin wieder ein Mensch und kann mit anderen Menschen reden«, sagte er in einem solchen Augenblick.

Kaspar hat sich ein Leben lang nach Anerkennung und Liebe gesehnt. Weil es ihm nicht möglich war, diese Liebe zu erhalten, gab er sich selber auf. Nun war es ja klar, daß ihn niemand lieben wollte und konnte. »Ich bin wieder ein Mensch« bedeutet möglicherweise einen Neuanfang.

## Vom Wissen, das man braucht

Jeder Mensch ist in seinem Leben und insbesondere auch in einer Psychotherapie auf der unbewußten Suche danach, was er braucht.[41] Dabei möchten wir ihn begleiten und stützen.

Ein Wissen, was für KlientInnen gut ist und was sie brauchen, gehört zu einem besserwisserischen, Von-oben-herab-Verständnis. Ebenso vertikal erscheint das lineare, zielgerichtete Entwicklungsmodell des Menschen vom sogenannten abhängigen Säugling und Süchtigen zum autonomen Individuum. Demgegenüber möchte ich für ein zirkuläres Denken plädieren, das von den sich entwickelnden Bedürfnissen, Wünschen und der Beziehungsfähigkeit eines Menschen ausgeht. Im Verlaufe des Lebens bzw. einer Therapie wird immer wieder das zentrale Thema von Abhängigkeit und Autonomie durchgearbeitet wird, spiralig, zirkulär. Die zugrundeliegende Leitidee ist der beziehungsfähige Mensch. Die therapeutische Beziehung ist das beispielhafte Übungsfeld. »Beziehungen fixen, geben einen Kick; das habe ich vom Heroin gelernt. Beziehungen wären viel schöner als alles, was Drogen geben können. Ich möchte lieben und geliebt werden. Wichtig sein für einen Menschen. Nur kann ich mir nicht vorstellen, daß es je so sein könnte«, schreibt eine drogensüchtige Journalistin.

In der therapeutischen Beziehung und in therapeutischen Gruppen können süchtige Menschen eine Einsicht in die eigenen Möglichkeiten und Begrenzungen gewinnen, damit sich dadurch ein besserer Umgang zur eigenen Wirklichkeit wie auch zu den unerfüllten Wünschen und Sehnsüchten öffnet. Es bedarf gewisser Ich-Leistungen, um die auf Veränderung drängende Kraft zu gestalten und Sehnsucht aushalten zu können. Die Grenze zwischen der todbringenden und der lebendigen Sehnsucht erscheint bei Süchtigen oft hauchdünn.

Interessanterweise sind Wunsch und Sucht anerkannte Fachbegriffe, während der Begriff Sehnsucht in der Fachliteratur weitgehend fehlt. Das Gefühl der Sehnsucht spielt demgegenüber in der Literatur und in der Kunst eine tragende Rolle. Es ist, als ob die sehr drängenden Emotionen, das Begehren, die Sehnsucht, das Heimweh, das unbenennbare schmerzliche Verlangen und das unruhige Getriebensein entweder als künstlerische Exklusivität deklariert oder aber im Begriff der Regression, des Rückschritts auf frühere Entwicklungsstufen, untergebracht und damit pathologisiert würden. Und doch gibt es eine gesunde »Regression im Dienste des Ichs«[42], die das progressive, entwicklungsfördernde Moment mitenthält. Es erscheint immer wieder schwierig, die lebendigen und schöpferischen Dimensionen der Sehnsucht zu benennen und zu nutzen. Da sich Sehnsucht gleichermaßen auf Vergangenes und Zukünftiges, auf Vertrautes und Ersehntes ausrichtet, gibt es eine Pendelbewegung zwischen Rückschritt, Regression, und Fortschritt, Progression. Sehnsucht ist eine auf Veränderung zielende Kraft, die zum Leben oder zum Tode führen kann. In dieser Offenheit liegt das Bedrohliche und Mehrdeutige am Sehnsuchtsbegriff. Kein Wunder also, daß wir verführt sind, ihn in den Bereich der Poesie und der Utopie zu verweisen oder in die Pathologie zu verdrängen.

Die Sehnsucht, die zur Sehnsucht nach dem Stoff verkommen ist, macht die Abhängigen meistens abwehrend und uneinsichtig, unehrlich und träge. Für diese Symptome, die die TherapeutInnen so ohnmächtig und hilflos machen, gibt es Fachbegriffe, die eine oft autoritäre, wenig anerkennende Distanz zwischen TherapeutInnen und KlientInnen schaffen. Sie können sich allerdings in einen Bumerang verwandeln. Wenn sich KlientInnen hinter ihren Diagnosen verschanzen, sind wir von einer heilenden Beziehung weit weg. Eine heilende Beziehung schützt den Therapeuten nicht vor Eintauchen und Verwundungen. Therapeuten sind »verwundete Heiler«[43], und in ihrem bewußten Umgang mit der eigenen Sehnsucht liegt ein gutes Werkzeug für ihre Arbeit. Zudem dürfen sie den Glauben nicht verlieren, daß letztlich jeder Mensch weiß, was er braucht. Das muß wieder und wieder im Gespräch sorgsam und respektvoll an den Tag gebracht werden.

## »Ich wollt, daß ich daheime wär'«

So nannte sich eine Ursehnsucht des Menschen im Mittelalter. Camilla und Kaspar haben sich nichts sehnlicher gewünscht, als »daheime« zu sein in früheren und heutigen Geborgenheiten; Camilla beim toten Bruder und bei der ihr verlorengegangenen Tochter, und Kaspar bei seiner verstorbenen Mutter und der nicht vorhandenen Liebespartnerin. Solche Sehnsüchte können manchmal, aber nicht immer, zum Antrieb für die Suche nach den eigenen Wurzeln und nach dem, was dem heutigen Leben Kohärenz und Sinn gibt, verwandelt werden. Diese Suche schließt den leidenden Menschen, die TherapeutIn und ihren gemeinsamen Dialog in ein Arbeitsbündnis mit ein. Sehnsucht verweist auf den Wunsch, das verlorene Objekt wieder zu erblicken, zu sichten. Sehnsucht ist auch Sehn-Sicht. Paul Klee hat formuliert, daß Kunst nicht das Sichtbare wiedergebe, sondern sichtbar mache und daß das Eingeständnis des Sichtbarmachens bedeute, daß wir es verloren haben.

Erst dann kann es in der Kunst und im Leben zum Abschied und zum Trauerprozeß kommen.

»Das Schreiben der Texte erinnert sich wörtlich. Denn da konnte alles erst sein, seine angeborene Größe einnehmen, seinen Raum. Jetzt erwies sich die Verwundbarkeit, gern als Überempfindlichkeit gebrandmarkt, als unendliche Berührbarkeit, als Bewegung bis in die Haar- und Zehenspitzen hinein, und noch darüber hinaus, und als unermüdliches und unbestechliches Begehren, als Leidenschaft für das, was war, ist und sein wird.« (Anne Duden)

Die therapeutische Beziehung teilen KlientIn und TherapeutIn miteinander. Darin haben sich beide die Erfahrung des Wunsches nach Liebe und Anerkennung und seiner zeitweiligen Unerfüllbarkeit zuzumuten. Sie hoffen immer wieder auf den Vorrang des Möglichen vor dem Wirklichen. Sie erinnern sich »wörtlich«. Wort für Wort wird aneinandergereiht. Ein Wort gibt das andere. Sie verlieren Worte. Sie fallen sich ins Wort. Sie werden wortklauberisch. Sie legen ein Wort auf die Goldwaage. Sie wechseln Worte. Eine Frau, ein Mann, ein Wort. Sie glauben einander aufs Wort. Sie drehen Worte im Munde um, nehmen sich Worte aus dem Munde oder führen dauernd ein Wort im Mund. Sie legen ein gutes Wort ein. Die KlientIn behält das letzte Wort, weil sie weiß, was sie braucht. Aus den Worten ergeben sich Wortnetze, Erzählungen, Deutungen und weitere Erzählungen. Es geht um ein anerkennendes gegenseitiges Wahrgenommenwerden. Wenn es gelingen kann, auch immer wieder den Verlust in den Blick zu nehmen, so hört er auf, eine endlose Trauer zu sein.

So geht es in Therapie und Leben darum, den seelischen Sehnsuchtsraum auf feinste Art mit immer neu entstehenden Bedeutungsnetzen zu bespannen, zerreißen zu lassen und erneut zu bespannen. Das Wissen um die Sehnsucht und ihre suchenden, verzweifelten und hoffnungsvollen Gebärden hilft, aus den tödlich scheinenden Vernetzungen immer wieder geduldig und liebevoll Wort um Wort zu befreien. Dadurch entsteht das Gespräch und wird weitergeführt. Wenn es in natürlicher Weise zu Ende geht, weil die Therapie abgeschlossen wird, geht es meistens als inneres Gespräch weiter. Aber niemand und nichts bewahrt uns vor einseitigen Abbrüchen. Das zeigt beispielhaft die Therapie von Camilla. Aber weder Camilla noch Kaspar sind extreme Beispiele von an Sehnsucht und Sucht erkrankten Menschen. Wir können ihren Schwestern und

Brüdern täglich begegnen. Was solche Menschen am dringendsten brauchen, nämlich Anerkennung und Würde, können sie sich selber nicht geben. Und sie drohen sie immer wieder zu zerstören, wenn sie ihnen entgegengebracht wird. Das gilt es auszuhalten und daran zu glauben, daß jeder Mensch ein Recht auf Würde hat und über eine Möglichkeit verfügt, sie eines Tages selber zu spüren. Wenn es gelingt, ist es ein Triumph des Lebens. Wenn es nicht gelingt, bleibt die Möglichkeit, eine solche Geschichte im nachhinein zu erzählen und damit den darin vorkommenden Menschen zu würdigen. Im vorliegenden Fall hat mich Camillas Partner dazu ermutigt. Dafür bin ich ihm dankbar.

## Vergegenwärtigung VII

Hilfe brauchen – Helfer sein.
Welchen Dialog wünsche ich mir?

Vom Wunsch über die Sehnsucht zur Sucht nach Liebe –
was jede und jeder kennt.

Weiß ich, was ich brauche?

# 8. Stimmen, Gesten und Blicke der Horizontale – oder das Erleben von Verbundenheit

*Dort aber, wo wir als Geschwister unter dem Diktat der Horizontalen stehen, werden wir weitgehend alleingelassen.*

Franz Wellendorf

Die Geschwister, wir wissen es, sind nicht denkbar ohne ihre Eltern. Die Stimmen, Gesten und Blicke der Vertikale, von oben nach unten und von unten nach oben, sind uns vertrauter und geläufiger als jene der Horizontale, der Geschwisterebene. Hier schöpfen wir aus dem vollen. Die Stimmen der Eltern sind oft lauter und eindeutiger, die Gesten sichtbarer und prägnanter, die Blicke eindrücklicher als die auf der horizontalen Beziehungsebene.

*Geschwisterlichkeit bedeutet eine bestimmte Art der Wahrnehmung und der Gestaltung von Beziehungen.* Es geht darum, in den Verschränkungen von Liebe und Haß zu Solidarität und Versöhnlichkeit zu finden. Das führt uns in eine weite Landschaft, in Tiefen und auf Höhen, in Nähen und Fernen der Verstrebungen und Bezüge in der Horizontale. Die Kunst, sei es in Form von Text, Bild, Skulptur oder Film, scheint mir ein wesentliches Mittel, um kunstvoll zu zeigen, was die Geschwisterlichkeit über die Geschwister hinaus als Wahrnehmung und Haltung ausmacht.

Wellendorf spricht im obenstehenden Motto von den »Alleingelassenen unter dem Diktat der Horizontale«.[44] Was bedeutet dieser Satz? Wissend um die Eltern, sind die Geschwister auf sich selber angewiesen und schaffen ihr Eigenes. Wissend um gesellschaftliche Urteile, generieren

Künstler die Horizontale und nehmen sich dadurch ihre eigene Freiheit. Stimmen, Blicke und Gesten der Horizontale können immer neu erfunden werden.

## Stimmen der Horizontale

Wenn eine Stimme die andere ablöst, wenn Worte ausgetauscht werden, Menschen einander erzählen und zuhören, fragen und antworten, entsteht ein Gewebe, ein Netzwerk. Jeder und jede hat dazu beigetragen, und es gehört allen Beteiligten. »Der Hahn, der am Morgen kräht, gehört nur einer Familie, doch seine Stimme ist das Eigentum der ganzen Nachbarschaft«, lautet ein afrikanisches Sprichwort. Ein anderes kündet davon, daß seit jeher das Weben der Wolle das gleiche bedeutet wie der Austausch von Worten im Gespräch. Die Horizontale, alle in einem Boot, am selben Tisch, in derselben Runde, bedarf des Austausches, der Gegenseitigkeit, des Aushandelns. Fragen sind ebenso wichtig wie Antworten. Die Antworten werden im Gespräch erarbeitet. Fragen und Antworten halten das Gespräch in Gang.

Hören und Sprechen sind konstitutiv für das Erleben von Verbundenheit. Das Nähren und Pflegen, traditionell weibliche Sphären, sind verbindende Tätigkeiten, bei denen die Stimme, der Tonfall und die Worte eine wichtige Rolle spielen. Sie machen einen besonderen Gebrauch der Stimme und eine spezielle Verständigung erforderlich. Das Erzählen von Geschichten knüpft an die Märchen der Kinderzeit an. Märchen machen es den Kindern möglich, ihre psychischen Konflikte stellvertretend an den Märchenfiguren zu entfalten und zu bewältigen, Sehnsüchte zu entfalten, Ängste auszuleben, mit Enttäuschungen umzugehen und Siege zu feiern. Geschichten wecken Bilder, Erinnerungen und Gefühle. Sie schaffen Raum für Phantasien, weil das Zuhören

– mehr als das Zusehen – eigene seelische Bilder ermöglicht.

Freud erzählt von einem kleinen Jungen, der seine Tante bat, abendlich bei angelehnter Schlafzimmertür die Stimmen im Wohnzimmer hören zu dürfen; denn wenn er die Stimmen höre, werde es hell in seinem dunklen Zimmer und er habe keine Angst beim Einschlafen.

Geschwister, die im selben Schlafzimmer aufwachsen, erzählen oft, wie sie sich im Dunkeln jeweils Geschichten gegen die Angst erzählt haben, bis der eine oder die andere eingeschlafen war.

Das Hören geht in der frühen menschlichen Entwicklung dem Sehen voraus. Stimmen kommen von weit her, aus einem frühen Erlebensbereich. Sie verweisen auf das Innere. »Wir bewegen uns in einem horizontalen, enthierarchisierten Raum«, schreibt Ilma Rakusa in einer Annäherung an das Schaffen von Marguerite Duras, in deren Werk Stimmen eine ganz besondere Rolle spielen.[45]

Der horizontale, enthierarchisierte Raum eröffnet ein Kontinuum von Raum und Zeit, in dem Innen und Außen, Vorher und Nachher aufgehoben sind. Es ist der Raum des Traumes, der Seele, der Liebe und des Todes, immer wieder herstellbar im nahezu magischen Erzählen und Zuhören, im Verfolgen einer Stimme, die Zeitlosigkeit ausdrückt. Als könnte es ewig dauern.

*Weaving the Web* – gemeinsam das Gewebe weben: Zum Netzwerk der Stimmen in einer Gruppe gesellen sich heute die Worte und Sätze, die über Internet und Web weltweit ausgetauscht werden. Der Engländer Berners-Lee, Erfinder des Web, bewegt sich in seinem Denken und Forschen auch in einem horizontal definierten Raum.[46] Er träumt von Gruppen von Menschen, die in gemeinsamen Brainstormings intuitiv über Probleme grübeln, Gedankenfäden spinnen und austauschen und damit zu neuen Lösungen kommen. Damit greift er Fäden seiner denkerischen Vorläufer auf, beispielsweise Habermas' Idee des »herrschaftsfreien Diskurses« und Einsteins Aussage, daß fundamentale Probleme nicht mit demselben Denken gelöst werden können, aus dem sie entstanden sind. Berners-Lees Schriften und Erfindungen stellen vor, wie durch gegenseitigen Respekt, durch Sorgfalt und durch Inspirationen und Intuitionen von einzelnen Personen, durch gemeinsame Anstrengung etwas Größeres aufgebaut wird, das die Mittel jeder einzelnen Person übersteigt. Letztlich geht es ihm darum, die global gewordene Welt so zu gestalten, wie wir es wünschen. Es sind hohe, horizontal geprägte Ansprüche, die an den bestehenden, vertikalen Ungleichheiten anstehen und sie nicht auszugleichen vermögen. Und doch wird nicht auf die Idee eines weltweiten demokratisch gestalteten Netzwerkes verzichtet – heutzutage noch in einer undemokratischen, ungerechten Welt; und morgen?

## Gesten der Horizontale

Gesten sind Bewegungen, beispielsweise Handbewegungen, die etwas ausdrücken wollen. Wir können jemanden einladend zu uns bitten oder abweisend von uns stoßen. Wir können auf etwas hinweisen, damit das Erblicken ein gemeinsames wird. Freundschaften kennen viele solcher Gesten, die auf das Nahe und Gleichwertige unter FreundInnen verweisen. Unter Geschwistern können Gesten eine seelische und körperliche Zuneigung bedeuten, die in die früheren Zeiten großer Vertrautheit zurückreicht.

Eine junge Frau schildert »Schwesternspiele«, die sich ereignen, wenn sie ihre beiden jüngeren Schwestern, die noch bei den Eltern wohnen, besucht. Die Schwestern streichen sich über die Hände und Unterarme, sachte, wie in einem Ritual, das zur ersten Phase der Wiederbegegnung gehört.

Dazu erzählen sie sich wichtige Dinge, die sie seit ihrem letzten Treffen erlebt haben, und versichern sich wieder ihrer schwesterlichen Nähe. Es ist ein subtiles Spiel, das diesen drei Schwestern gehört und ein unverwechselbares gemeinsames Erlebnis darstellt.

Ein Mann erzählt von einem jüngeren Kollegen, mit dem er sehr gut zusammenarbeiten kann. Von ihrer Arbeitsinstitution her sind die beiden Männer nicht gleichgestellt, vielmehr ist der jüngere Mann dem etwas älteren, der diese Geschichte erzählt, unterstellt. Der Mann erinnert sich an einen ersten beachtlichen Erfolg, den die beiden dank ihrer Zusammenarbeit errungen haben. In diesem großartigen Augenblick legt der jüngere Kollege dem älteren seinen Arm über die Schultern und betont, wie sehr er sich über diesen brüderlichen Erfolg freue. Der ältere Mann ist erstaunt und berührt von dieser Geste und erwähnt, daß er sich immer einen Bruder gewünscht habe. Nun habe er eine Ahnung davon erhalten, wie es sich anfühlen könne, Bruder zu sein und einen Bruder zu haben.

Gesten der Horizontale vermitteln ein Gefühl der Präsenz und Zusammengehörigkeit. Es läßt spüren, daß der andere und die andere da sind, ohne zu dominieren, ohne sich unterzuordnen, gleichwertig.

## Horizontalsucher

Walter Percy hat in seiner Erzählung *The Moviegoer* eine Figur geschaffen, die er den »Horizontalsucher« nennt. Diese Figur geht durch die Tage und Nächte und schildert ihr Erleben wie in der folgenden Passage.

»Heute morgen zog ich mich nach dem Aufstehen wie üblich an und begann wie üblich meine kleine Habe einzustecken: Brieftasche, Notizbuch (zum Niederschreiben gelegentlicher Gedanken), Bleistift, Schlüssel, Schneuztuch, Taschenrechner (zum Berechnen der Kapitalzinsen). Diese Dinge schauten unvertraut aus, und waren zugleich voll von Hinweisen. (…) Unvertraut an ihnen war, daß ich sie wahrnehmen konnte. Sie hätten jemand ganz anderem gehören können. Ein Mensch kann einen solchen kleinen Stapel auf seinem Schreibtisch dreißig Jahre lang anschauen und ihn kein einziges Mal sehen. Er ist so unsichtbar wie die eigene Hand. In dem Moment, als ich ihn sah, wurde die Suche möglich.«[47]

So ist es doch oft auch mit den Geschwistern: Sie sind unsichtbar wie die eigene Hand – bis man sie sieht und sie damit erst suchen und erkennen kann.

In der Geste der Horizontale geht es darum, daß kein oberster Wert über das Wahre, Gute und Schöne entscheidet. Es bleibt der Versuch, die alltäglichen Dinge zu sehen und zu schildern, wohl wissend, daß ein definitiver Sinn des Lebens mit obersten Werten und tiefsten Erkenntnissen nicht zu formulieren ist. Dieser Querweltein-Sucher will gar nichts finden. Er will neugierig sein und staunen, unbegrenzt und ziellos. Der Horizontalsucher lebt, um Erfahrungen zu sammeln, die als gleichwertige erlebt und mitgeteilt werden. Er weiß dabei um die Unschuld und um Erfahrungen, die unschuldig wären, es aber nie sein werden. Er erlebt ein Vertriebensein mit dem Wissen, daß eine Rückkehr unmöglich ist. Es ist eine moderne Heimatlosigkeit und ein nomadisches Sein, das in einer Art von weltweiter Geschwisterlichkeit zu allen Dingen und Menschen seinen Ausdruck findet.

Wallander, der heute weltweit bekannte schwedische Kriminalkommissar in Mankells Romanen, tut sich oft schwer damit, scheußliche und grausame Fälle, die er aufdecken muß, zu glauben. Er befindet sich dann auf langen Reisen und studiert Pläne, von denen er vorher nicht einmal gewußt hat, daß sie existieren. Vor allem aber muß er schmerzhaft erkennen, daß sein Wahrheitsbegriff nicht mehr greift. »Ich lebe in einem Land, wo wir gelernt haben zu glauben, daß alle Wahrheiten einfach sind, dachte er. Und daß es immer nur eine unteilbare Wahrheit gibt. ... Nun wird es mir langsam klar, daß vielleicht das Gegenteil richtig ist. Die Wahrheit ist kompliziert, vielschichtig, widersprüchlich.«[48]

Der Philosoph Walter Benjamin, den ich als Horizontalsucher bezeichnen möchte, versuchte in seinem Werk, die Zeit anzuhalten und ihre Kontinuität aufzusprengen.[49] Für seine Darstellung der Pariser »Passagen« wendete er das damals avantgardistische Prinzip einer literarischen Montage an. Das Material – gegeneinandergestellte Auszüge, kurze und bestechende Analysen, auch Photographien – spricht und erzählt aus sich selber. Die dialektischen Bilder bringen die Zeit zum Stillstand und verwirren und ergreifen den Leser. Persönliches und kollektives Unbewußtes wird an die Oberfläche des Bewußtseins geholt. Bilder der klassenlosen Gesellschaft und Utopien, die nirgends und überall ihren Ort haben, treten hervor. Der Gegenwart, der Jetztzeit, gilt das Interesse. In ihr bündeln sich die Kräfte, die sich dessen zu erinnern versuchen, was vergessen und verlorenging. Berühmt geworden ist Benjamins Engel der Geschichte, der sein Gesicht den Trümmern der Vergangenheit zuwendet. Er möchte verweilen, die Toten wecken und das Zerschlagene wieder zusammenfügen. Aber ein immenser Sturm vom Paradies her hat sich in seinen Flügeln verfangen und treibt ihn unaufhaltsam in die Zukunft, der er den Rücken kehrt, während sich vor ihm die Trümmer aufhäufen. Dieser Sturm bedeutet für Benjamin das, was wir Fortschritt nennen. Auf Benjamins Grabstein im nordspanischen Port-Bou steht: »Es ist niemals ein Dokument der Kultur, ohne zugleich ein solches der Barbarei zu sein.« Seine Schriften sind der Ehrung der Namenlosen gewidmet.

Die beispielhaft erwähnten Horizontalsucher versuchen

ein Verhältnis zu Zeit und Raum zu gestalten, das die uns alltägliche Fixierung von Zeiten und Räumen durch Verfremdungen, Verwandlungen und Irritationen aufbricht. In dieser Radikalität werden Jetztzeit und gegenwärtiger Ort auf eine besonders intensive Weise erfahren. Lassen wir uns dazu von einer aus Japan stammenden Art von Gedichten, genannt Haiku, verzaubern, die diese Radikalität von Zeit und Raum spezifisch auskosten. Haiku sind Dreizeiler mit klarer Silbenvorgabe fünf-sieben-fünf, die kürzeste aller lyrischen Formen, die mit Assonanzen und Alliterationen spielt und drei Regeln kennt. Ein Naturgegenstand oder eine Jahreszeit soll angedeutet werden; das Haiku bezieht sich auf eine einmalige Situation und soll als gegenwärtige dargestellt werden.

»Zunehmender Mond – noch nie so dünn die Sichel – es atmet Frühling« und

»Goldene Reben – südlich fällt lauer Regen – der Herbst ist ein Hauch.«[50]

Über unmittelbare sinnlich anschauliche Erfahrung wird ein Zusammenhang zwischen Natur und Welt, zwischen den Dingen und den Menschen hergestellt. Haiku sind a-moralisch, kennen kein Gut und Böse, kein Schön oder Wüst, vielmehr heben sich die Gegensätze in der Einzigartigkeit des Augenblicks auf. Alle Menschlichkeit der Welt ist darin enthalten, und gleichzeitig geht es um die Befreiung von der Erdenschwere. Erst das leere Bambusrohr ermöglicht der Flöte den Ton. Körper wird zu Geist.

Künstlerische und menschliche Freiheit liegt da, wo es keine Hierarchien gibt. Von Meret Oppenheim wird berichtet, daß ihr Werk so schwierig zu präsentieren ist, weil ihr eine Skulptur oder ein großes Ölbild nicht bedeutender ist als eine Skizze oder Zeichnung. Jedes einzelne Werk und Objekt hat seine Freiheit gegenüber den anderen. Jedes wird als Einzigartiges anerkannt.

Der Alltag, mit und ohne Geschwister, bietet uns zahllose Möglichkeiten, einen Blick einzuüben, der alle Phänomene des Lebens gleichwertig behandelt. Es ist dabei gleichgültig, ob es sich um einen Telefonanruf, einen philosophischen Gedanken oder die Eßgewohnheiten der Schwester handelt. Das Horizontale liegt in der Vorstellung der Gleichwertigkeit.

## Blicke der Horizontale

Blicke der Horizontale sind schweifende und sich vergegenwärtigende Blicke. Sie gehören zur Jetztzeit und halten für einen Moment die Zeit an. Sie machen Schnappschüsse der angehaltenen Zeit, in die das Echo des Verstummten und Gewesenen eindringt.

Der finnische Filmemacher Aki Kaurismäki ist in seinen Filmen ein Meister der Blicke der Horizontale. Er erzählt Geschichten in filmischen Abfolgen von Bildern, bei denen jedes seinen einzigartigen Wert hat. Seine fragenden und suchenden Augenblicksaufnahmen erzeugen ein einzigartiges Gefühl des Jetztseins. Sie könnten sich in irgendeiner Zeitepoche und an irgendwelchen Orten abspielen und sind vor allem eines: Gegenwart. Erinnern wir uns an seinen Film *Drafting clouds* (Ziehende Wolken), in dem ein arbeitslos gewordenes Ehepaar neue Wege erschließt. Der Filmautor erzählt eine Bildergeschichte, in der jedes einzelne Bild mittels eines Bilderrahmens an die Wand gehängt werden könnte. Und jedes Bild hat ein Vor-Bild und ein Nach-Bild. Das Ganze ergibt mehr als die Summe seiner Teile, nämlich eine Geschichte.

In der Jetztzeit ist jeder Mensch vor allem anderen ein menschlicher Körper, der sieht, hört, fühlt, riecht und schmeckt, der sich aussetzt, darstellt und gesehen wird. Der Begriff des »horizontalen Gewerbes« verweist auf den liegenden Körper, der sich kaufen und verkaufen läßt um der Lust willen. Der menschliche Körper in der Horizontale läßt uns an die existentiellen Momente in jedem menschlichen Leben denken, an die Geburt, die Liebe, den Schlaf und Traum und schließlich das Sterben und den Tod. Wesentliche Erlebnisse jedes Menschen finden in der horizontalen Position statt.

Künstlerische Suche in der Geschwisterschaft des oben erwähnten *Moviegoers* betonen ebenso die Horizontale. Der Wiener Kabarettist Phettberg, ein enorm fülliger Mann, der sich bewußt diesen Künstlernamen zugelegt hat, las James Joyce' *Ulysses* seinem Publikum über Stunden und Tage liegend vor. Bruce Nauman, der amerikanische Künstler, ließ die Besucher seiner Ausstellung im Züricher Kunsthaus Ende der neunziger Jahre – obwohl sie aufrecht standen – durch Spiegeleffekte paradox und verblüffend als Liegende wider Willen und Absicht erleben. Die Vertikale seines aufrechten Ganges steht dabei ebenbürtig neben seiner gespiegelten horizontalen Position.

Die Lyrikerin Maschka Kaléko läßt sich von der »Horizontalen Muse« inspirieren. So lautet der Titel ihres im folgenden aufgezeichneten Gedichtes.

»Sortier ich meine Träumereien
In ›leicht beschwingt‹ und in banale,
So reihen sie sich seltsam ein
In vertik- und in horizontale.

Die waagrechte Dimension
– lang hingestreckt, flachliegend, eben –
Ist Sonne, Regen, Ackerland
Für mein so taugenichtses Leben.

Senkrecht, benimmt sich mein Gehirn,
Als wär es am Erweichen.
Doch waagrecht, wird die blöde Stirn
Zum Füllhorn sondergleichen:

Auf Wiesen und Chaisen,
Auf Matten und Betten
Kann ich mich vor lauter Ideen
Nicht retten.

Doch schwindet die Eingebung radikal,
Ergreift mich die Feder, wenn vertikal.
Das Resultat ist deutlich zu sehen:
Obigen Firlefanz schreib ich im Stehen.«

Dieser spielerisch dichterische Umgang mit der vertikalen
und horizontalen Position und den dazu gehörenden Empfindungen zeigt, daß das Spiel mit den Positionen zum
»Füllhorn« künstlerischen Schaffens gehört. Die Banalität
des Alltäglichen wird verworfen und gebrochen, und wir
sehen das Kind spielen, auf dem Boden sitzen, bauen, zerstören und wieder aufbauen. Homo ludens, der spielende
Mensch, ist in jeder Frau und jedem Mann enthalten. Die
Seele vergißt nichts, bewahrt alles Erlebte auf und verwandelt es wundersam. Jeder Mensch, Mit-Mensch, Künstler
und Lebenskünstler hält tief in sich das spielende, lachende
und weinende, liebende und hassende Kind verborgen, das
kleine Mädchen und den kleinen Jungen. Im Kinderspiel,
später im Freundes- und Familienspiel, im Liebesspiel
kommen das kleine Mädchen und der kleine Bub in Stimmen, Blicken und Gesten zum Vorschein, manchmal offen,
manchmal verschämt. Der Mensch ist dort ganz Mensch,
wo er spielt. Das Spiel schafft eine Entwicklung vom Körperlichen und Realen zum Geistigen und zum Symbol. So
geschieht es auch durch Blicke, Stimmen und Gesten.

## Alleingelassen und vereint auf der Horizontalen

Die hier folgende Geschichte erzählt, wie das »Spiel« weitergehen kann, wenn die Worte nicht reichen, damit sich zwei Menschen als Brüder finden können.

Es sind zwei Brüder, aufgewachsen in Harlem, dem schwarzen Stadtteil New Yorks in den fünfziger Jahren. Sie sind in einer gewalttätigen Gesellschaft, nahe an Elend, Armut und Drogen groß geworden. Während der Erzähler Lehrer geworden ist und den Absprung aus dem ehemaligen Milieu geschafft hat, bewegt sich Sonny, der Jazzmusiker, in Drogenkreisen und verschwindet zeitweise im Gefängnis. Als der sieben Jahre ältere Bruder wieder einmal mit einem Gefängnisaufenthalt seines jüngeren Bruders konfrontiert wird, blendet er zurück in die Jugendzeit. Sonny war immer schon ein wilder und leidenschaftlicher Kerl gewesen. Der Ältere hatte Sonnys erste Worte gehört, seine ersten Schritte begleitet, seine erwachende Liebe zur Musik miterlebt, doch später seine so andere Lebenswahl mißbilligt. Kurz vor ihrem Tod erzählte ihm seine Mutter, wie der wilde jüngere Bruder des Vaters vor dessen Augen angetrunken und ahnungslos in den Tod gerannt war, auch er ein Musiker. Sie schloß mit den Worten: »Ich erzähle dir das alles nicht, um dich zu erschrecken noch um dich zu verbittern; auch nicht, um dich zum Haß zu treiben. Ich erzähle dir das, weil du einen Bruder hast und weil die Welt sich nicht verändert hat.«[51] Darauf vertraute sie dem älteren Bruder seinen jüngeren an und bat ihn, sich an ihrer Stelle um ihn zu kümmern.

Wie es kommen kann, wenn der eine Bruder zum Hüter des anderen wird, wurde der große Bruder zum Vater und zur Mutter in einem, der »das Kind« zu einem sicheren und ernsthaften Leben führen wollte. Der Umgang mit einer gemeinsamen Vergangenheit von Haß, Elend und Liebe hatte bei beiden Brüdern zu völlig verschiedenen Lebensentwürfen geführt. Die Brücke dazwischen, die zum Verstehen führen könnte, ist dem Hüter-Bruder verwehrt. Die Brüdergespräche verpassen sich immer wieder und arten in Streit aus. Eines Abends nimmt Sonny den Bruder in ein Nachtlokal mit, wo er spielen wird. Er stellt ihn seinen Kollegen als seinen Bruder vor. Der Hüter-Bruder merkt, daß alle ganz freundlich sind zu ihm, aber daß er »nur« Sonnys leiblicher Bruder ist in dessen anderem Brüder-Reich. Es ist eine Welt von Brüdern, die seinen Bruder unterstützen, die mit ihm musizieren, auf ihn, den Pianisten warten, ihn führen und von ihm geführt werden. Der ältere leibliche Bruder sitzt im Publikum und spürt im Zuhören etwas von einer anderen Welt und einer anderen Ordnung. Er schaut in die Gesichter dieser musizierenden Brüder und spürt, daß etwas geschieht, das er nicht versteht und nicht hören kann. Doch dann folgt ein Moment in seines Bruders Spiel, wo die Musik ihn erreicht, wo er die große Linie seines und seines Bruders Lebenskampfes spürt, ihrer beider Vergangenheit, ihr Leiden, ihre Freuden, Leben und Tod. Die Tränen fließen ihm, dem zuhörenden älteren Bruder, über die Wangen. Es ist nur ein Augenblick, wo die Welt »hungrig wie ein Tiger« draußen wartet und das Whiskeyglas auf dem Klavier leise schaukelt. Dann war es vorbei. Er fühlte sich wieder draußen, entfernt von seinem Bruder, in seinem eigenen und ganz anderen Leben.

## Sensibilisierung für die Horizontale

Diese Brudergeschichte steht paradigmatisch für andere, die in Variationen von Gesten und Klängen der Horizontale spielen. Bruder sein ist vielerlei, eine Anforderung, eine Zumutung, eine Hoffnung, eine Illusion, von beiden Seiten her. Der ältere Bruder hat von der Mutter einen Auftrag übernommen, der ihn in eine verantwortliche Position versetzt. Der jüngere Bruder kämpft für sein eigenes Leben und damit gegen die Bevormundung durch den älteren Bruder. Er lädt ihn ein in seine Welt, in sein Jazzlokal, zu seiner Musik und seinen anderen Brüdern. Und es gibt diesen wundersamen kurzen Augenblick in jener Nacht, wo die Brüder ebenbürtig vereint sind in ihrem Brudersein, ihrer Vergangenheit und ihrer Gegenwart. Jazzmusik ist in ihrem Wesenskern eine Kunst, die auf dem intuitiven Wechselspiel zwischen dem Kollektiv und dem einzelnen aufbaut, wo der eine Spieler eine Frage aufwirft und der andere sie weiterführt. Manchmal bekommt der eine vom anderen eine Antwort und geht dann auf der eigenen Spur weiter. Die Verbindung zwischen den Spielenden schafft auch eine Gemeinsamkeit und Zusammengehörigkeit zwischen den Spielern und den Zuhörern.

Zur Horizontale gehört unabdingbar die Vertikale. In Geschichte und Gegenwart kommen uns die hierarchischen Bilder, die Ungleichheiten, Macht und Ohnmacht, mit großer Wucht und einer gewissen Unerbittlichkeit entgegen. Zur Vertikale der Autoritäten, der Berühmtheiten und der Kultur gehört die Horizontale der Alltagshelden und Lebenskünstler, der Ungenannten und Namenlosen. Wo die Vertikale Prunk und Privilegien verspricht, kündet die Horizontale von Alltag und Überleben. Wenn letztere an den genannten Beispielen hervorgehoben, veranschaulicht und auch etwas überinterpretiert wird, hat das einen bestimmten Grund. Er liegt in der Idee einer Gleichwertigkeit von Lebensformen, Anschauungen und Gefühlen im Sinne einer gegenseitigen Anerkennung und Würdigung der Unterschiede. Das Leiden an der Nicht-Gleichwertigkeit und an der Verkennung ist uns bekannt. Die Horizontalsucher versuchen sich auf einem noch zu erschließenden Weg, der letztlich zu mehr Menschlichkeit führen möchte. Dieser Weg verkennt die Zusammengehörigkeit von Vertikale und

Horizontale nicht. Er plädiert für die Sensibilisierung für die Horizontale, damit beide gleichwertig nebeneinander bestehen können.

## Schwester werden – wachsen dürfen

Mariana ist mit dreißig Jahren wegen einer akuten Angstproblematik in die Therapie gekommen. Als es ihr wieder recht gut geht, schildert sie Situationen am Arbeitsplatz und im privaten Kreis, die sie seit langem beschäftigen. Sie stellt fest, daß sie, abgesehen von ihren eher komplizierten Liebesbeziehungen, in der Regel mit Männern einen guten, entspannten und angstfreien Kontakt hat. Hingegen sind ihre Kontakte mit Frauen immer angespannt und werden in gewisser Weise angstvoll erlebt. Sie hat den Eindruck, andere Frauen hörten ihr nicht zu, wenn sie etwas sagt. Sie kann sich am Arbeitsplatz nicht durchsetzen und fühlt sich generell schlecht. Meine Gefühle der Gegenübertragung – also mein Echo auf das, was sie mir entgegenbringt – sind diffus angstvoll und sehr bedrängend. *Häufig vermute ich bei so diffusen, bedrängenden und bedrohlichen Gefühlen, das ein Gegenüber bei mir auslöst, eine Geschwisterthematik.* Sie erzählt auf meine Bitte hin von ihrer einzigen, ein Jahr jüngeren Schwester, von der sie forsch, herablassend und zugleich inquisitorisch behandelt wurde und immer noch wird. Ebenso fühlt sie sich auch von der Mutter behandelt. Sowohl die Schwester als auch die Mutter sind schwache, unglückliche Frauen mit vielen Ängsten und Problemen. Sie schaffen es aber immer wieder, Mariana einzuschüchtern.

Mit der Einführung und Besprechung des Schwesternthemas verändert sich der Kontakt von Mariana zur Schwester. Sie kann ihr nun auch einmal ihre Meinung sagen und wagt es, ihr Widerstand entgegenzusetzen. Der

Kontakt zur Schwester ist immer noch schwierig, aber Mariana fühlt sich mutiger und sicherer. In der Beziehung zur Mutter wird sie klarer und freier. Sie kann sich besser abgrenzen und läßt sich nicht mehr so rasch einschüchtern.

In dieser Zeit habe ich Stunden erlebt mit Mariana, wo sie verzagt und »ganz klein« herkam, erzählte, oft weinte und mich um Rat fragte. Sie setzte mich in die Position der Wissenden und Überlegenen. Während der Stunden, oft auch erst hervorgelockt von mir, erzählte sie von eben erlebten Situationen, in denen sie sich besser behaupten konnte als früher und sich gut fühlte. Sie merkte, daß sie Schritte machte. Sie wuchs so im Verlauf der einzelnen Stunden zu einer noch nicht erlebten Größe heran. Diese äußerte sich für mich im Erleben, daß wir einander am Stundenende in einem wohltuend guten Gefühl als Erwachsene, Gleichwertige gegenübersaßen. Die geschilderten Stunden bildeten den Mikrokosmos ihres Erlebens. Lange Zeit erlebte sie ihr Wachsen und ihre Stärke nur dort. Außerhalb fühlte sie sich allein und wieder schwächer, als sie mittlerweilen im Erstarken war. Es war ein lange dauernder Prozeß mit immer wieder erfolgenden Rückschlägen. Sie wurden aber seltener. Ihre langsam zunehmende Sicherheit, sich auch gegenüber Frauen frei zu äußern und sich für eigene Anliegen durchsetzen zu können, zeigte auch am Arbeitsplatz seine Auswirkungen.

Eine schwierig erlebte Mutterbeziehung und eine ähnlich gestaltete Schwesterbeziehung haben in Marianas erwachsenem Leben die Beziehungen zu Kolleginnen und Freundinnen erheblich gestört. Einschüchterung, Rivalität, Neid und Haß mußten erinnert und durchgearbeitet werden, um Marianas Selbstvertrauen zu stärken. Sie merkte auch, daß sie in angemessener Distanz zu beiden besser leben konnte. Im Gegensatz zu Schwester und Mutter konnte sie sich ihre Kolleginnen und Freundinnen selber aussuchen. Hier erlebte sie mehr und mehr die generationelle Horizontale in einem Gefühl von Verbundenheit und Gegenseitigkeit. So wurde auch wechselseitige Anerkennung in Beziehungen zu Frauen zu einem Erlebnis, das sie sehr schätzen lernte.

Eine weitere Geschichte, in der es ebenfalls um »wachsen dürfen« geht, ist jene eines »schwesterlichen Paares«. So haben sich zwei Frauen, Mutter und erwachsene Tochter, die gemeinsam eine Galerie aufbauen, in der dritten und letzten Beratungsstunde selber bezeichnet. Sie waren in einen unlösbaren Konflikt geraten, den sie sich nicht erklären konnten. Die Stimmung zwischen den beiden war in den letzten Monaten immer unheimlicher und bedrohlicher geworden. So gut sie sich als private Menschen, als Mutter und Tochter verstanden hatten, so schwierig war es in der gemeinsamen Berufsarbeit.

»Ein Schwesternpaar« – das war vom ersten Moment der Begegnung an meine starke Gegenübertragung, obwohl ich wußte, daß ich Mutter und Tochter vor mir hatte. Es dauerte denn auch eine Weile, bis eine Schwesterproblematik angesprochen wurde. Die Mutter hat eine jüngere Schwester, die als Künstlerin arbeitet. Die beiden Schwestern haben eine einander inspirierende, aber auch rivalisierende Beziehung. Die Tochter ist Einzelkind und hat sich immer sehnlichst eine Schwester, »eine Mit-Schwester« gewünscht.

Die beiden Frauen hatten nie daran gedacht, daß ihr je eigenes Schwesterthema – bei der Mutter das Erlebnis von Faszination und Rivalität mit ihrer Schwester; bei der Tochter die unerfüllte Sehnsucht nach einer Schwester – in ihre nunmehr kollegiale Zusammenarbeit hineinwirken könnte. Als sie sich diese Erfahrungen, ihre Sehnsüchte und ihre Wünsche erzählen konnten, entspannte sich die Situation. Es wurde den beiden Frauen möglich, Mutter und Tochter zu sein und den generationellen Abstand bewußt zu respektieren. Gleichzeitig fühlten sie sich als

»schwesterliches Paar«, das aus der gemeinsamen Liebe zur Kunst einen alten Traum zu realisieren begann. Nun wurde gegenseitige Anerkennung im Unterschiedlichen und im Ähnlichen lebbar.

## Liebe und Haß

Liebe und Haß unter Geschwistern und zwischen Kindern und Eltern sind unterschiedlich beschaffen. Sowohl Liebe als auch Haß haben unter Geschwistern andere Hinter- und Beweggründe, eine andere Gestalt, und sie wecken andere Antriebe und Triebe, andere Ängste und Bedrohungen als bei Kindern gegenüber Eltern. Liebende Zuneigung unter Geschwistern eröffnet einen Raum von Unabhängigkeit und Solidarität für die Bewältigung der Welt. Sie weckt aber auch Bedrohung des Selbst- und Eigenseins durch die Ähnlichkeit mit den anderen. Zudem lauert in der nach unten offenen Geschwisterreihe immer auch die Angst, störend und gar überflüssig zu sein. Der Haß unter den Geschwistern ist der von Todesängsten geprägte Kampf um Selbstbehauptung und Überleben: er oder ich, sie oder ich. Gleichgeschlechtlichkeit unter den Geschwistern verstärkt in der Regel diese bedrohlichen Gefühle.[52]

Das Liebesstreben eines Kindes zu seinem Vater hin ruft – prägnant zugespitzt – Angst und Verdrängungswünsche gegenüber der Mutter hervor. Und liebendes Begehren eines Kindes für die Mutter weckt dieselben Verdrängungswünsche und Ängste gegenüber dem Vater. Der Haß, der sich daraus entwickeln kann, gilt der Rivalin, dem Rivalen, denn sie stehen im Weg. Mitunter kann ihnen auch der Tod gewünscht werden. Die Todeswünsche von Bruder und Schwester gelten nicht (nur) dem Rivalen, sondern sie zielen auf den Ähnlichen, den Vergleichbaren, den bedrohlichen Doppelgänger. Angesichts des Doppelgängers droht die Eigenheit verwischt zu werden. »Der Todeswunsch ist in der Geschwisterbeziehung auch ein Wunsch nach Erhaltung der Differenz. Es könnte keine klarere Differenz geben als die, daß ich lebe, während der andere tot ist.«[53]

Wir bewegen uns hier im unheimlichen, bedrohlichen Feld von Liebe und Haß und auf dem Hintergrund von Überlebensängsten und Todeswünschen. Die Geschichten von Kain und Abel, Jakob und Esau und anderen meist gleichgeschlechtlichen Geschwisterpaaren berühren einen existentiellen Kern, der in jeder Geschwisterbeziehung zumindest latent vorhanden ist. Wenn ich einer Person beim Erzählen eines Konfliktes mit einem anderen Menschen zuhöre, ist das Erleben höchst bedrohlicher, unerklärlicher und diffuser Gefühle in der Gegenübertragung für mich ein Indiz für eine möglicherweise verborgene Geschwisterproblematik. In der Furcht vor dem Erkennen dieser Bedrohlichkeit mag auch ein Grund liegen, daß die Geschwisterbeziehungen in einer Therapie häufig vernachlässigt werden. Sie werden vorschnell als weniger wichtig bezeichnet als die Eltern-Kind-Beziehung. Das stimmt meistens nicht. Vielmehr ist bei den meisten Menschen eine unbewußte Furcht vor der Tiefe und der Heftigkeit von geschwisterlichen Gefühlen auszumachen. Intuitiv wird die Geschwisterthematik von den Therapeuten und den Klienten gefürchtet. Schwärmerische Liebe und abgrundtiefer Haß sowie Mord- und Totschlagphantasien sind im Erinnern und im Nacherleben unheimlich und bedrohlich. Ihnen standzuhalten erfordert Mut auf beiden Seiten. Zudem wird es dann unumgänglich, sich mit den damit einhergehenden Scham- und Schuldgefühlen auseinanderzusetzen. Das macht in der Regel niemand freiwillig. Es braucht einen gewissen Leidensdruck, um sich diesen schwierigen Gefühlen zu stellen.

Aus diesen gefürchteten Schwierigkeiten werden Geschwisterbeziehungen häufig auf Liebe und Haß im Mutter-

Vater-Kind-Dreieck reduziert. Dort haben alle ihren unverwechselbaren Platz. Die große Schwester tritt an die Stelle der Mutter, der ältere Bruder an jene des Vaters. Und jüngere Geschwister können unbewußt durchaus als eigene Kinder phantasiert werden. Damit wird den Geschwisterbeziehungen ihre Eigenständigkeit und Wichtigkeit entzogen. Sie werden einmal mehr den einzig wichtig erscheinenden Eltern-Kinder-Beziehungen untergeordnet. Um es in den Worten der griechischen Dramen zu sagen: Ödipus, der Vatermörder, besiegt damit seine Tochter Antigone, die im Zentrum des Geschwisterdramas steht.

Liebeswünsche und Vernichtungsphantasien unter Geschwistern bilden einen eigenständigen Gefühlsbereich. Sie dürfen nicht allzuschnell als Autoritäts- und Abhängigkeitsprobleme elterlicher Herkunft und Prägung verstanden werden. Erinnern wir uns an Evelines Traum gegen Ende des fünften Kapitels in diesem Buch:

Ihr Tragen der Schuhe der Therapeutin könnte man durchaus als ödipales Thema interpretieren und es damit abtun. Doch dabei bleibt etwas wichtiges Geschwisterliches unterschlagen. Einmal mehr wird dem Geschwisterlichen nicht Rechnung getragen. Auch Geschwister probieren voneinander Schuhe und Kleider und messen sich in ihren Ansprüchen und Möglichkeiten. Geschwisterliches Kräftemessen ist eine unabdingbare Aufgabe, um zu Eigenständigkeit und Selbstbewußtsein zu gelangen. In der ödipalen Deutung von Evelines Traum ist und bleibt die Träumerin das kleine Mädchen. In der geschwisterlichen Interpretation wird sie ernst genommen als eine, die eine gleichberechtigte und gleichgewichtige Beziehung anstrebt und ausprobiert. Im Erkennen von Verschiedenheit und Ähnlichkeit bekommt sie die Chance zu wachsen. Sie darf und soll groß werden. Im Großwerden erlebt sie ihre Eigenart und ihre Einzigartigkeit. Das ist ein entscheidender Unterschied.

## Liebe, Haß und Solidarität

Wir sind damit zum Kern des Geschwisterlichen vorgestoßen. Konflikte zwischen zwei Menschen und in Teams und Organisationen werden anders angegangen, wenn sie auf der horizontalen Ebene der geschwisterlichen und kollegialen Beziehungen verstanden werden. Anders als auf der vertikalen Ebene der Autoritäts- und Abhängigkeitsprobleme geht es dann um das Kräftemessen in der Rivalität, die durchaus eine konstruktive sein kann. Daraus formieren sich eine mögliche gegenseitige Anerkennung im Wissen um die Zusammengehörigkeit. Wellendorf formuliert diese wichtige Einsicht mit treffenden Worten: »Wenn wir die Probleme, die in ganz spezifischer Weise auf der Horizontalen auftreten, nicht in ihrer Eigenständigkeit analysieren, kann es kein psychoanalytisches Konzept erwachsener Solidarität geben.«[54] Das Entstehen von Solidarität setzt die innere Versöhnung sowohl mit den Geschwistern als auch mit den Eltern voraus. Beides ist gleichermaßen wichtig. Das ist das verbindende, die Sicht erweiternde neue Moment.

Der Solidarität unter Geschwistern kommt eine besondere Bedeutung zu. Weil uns die äußeren und inneren Auseinandersetzungen mit den Eltern durch den mächtigen Abstand der Generation von früh an geläufiger sind, bedarf die geschwisterliche Ebene der besonderen Hervorhebung. Das Durcharbeiten der Liebes- und Haßgefühle gegenüber den Geschwistern bedeutet »eine Absage an die Hierarchie, ein Akzeptieren der Zugehörigkeit zur eigenen Generation und eine Einsicht in die komplizierten Strukturen von Gegenseitigkeit«.[55] Wenn wir als Erwachsene in der Lage sind, uns mit den Eltern zu versöhnen, dann kann eine Art zerbrechlichen und verletzlichen Gleichgewichts in der äußeren und inneren Arena entstehen.[56] Immer aber bleibt die Generationenschranke als Machtfaktor bestehen.

Demgegenüber stehen wir in der Versöhnung mit den

Geschwistern auf festerem und solidarischerem Boden. Geschwister sind Ähnliche und Andere auf ihrer generationellen Ebene, die sie von den Eltern unterscheidet. Sie bewähren sich untereinander und miteinander, um ihren Weg in die Welt hinaus zu finden. Als Erwachsene gehören sie im gleichen verbindenden Sinn zueinander und haben sich auf ihrem jeweils geschaffenen Lebensplatz zu bewähren. Sie überleben in der Regel die Eltern und stehen dann selber an der vordersten Front.

Der geschwisterlichen Solidarität kommt von daher eine besondere Rolle und eine besondere Aufgabe zu. Sie hat einen unverwechselbaren Stellenwert. Es liegt nahe, im Kern der geschwisterlichen Solidarität auch die Möglichkeiten einer unter erwachsenen Menschen möglichen Solidarität zu erkennen. In diesem Sinn gehört die Trias Liebe, Haß und Solidarität unabdingbar zu den Geschwistern und ihren Beziehungsmöglichkeiten. Im gleichen Zug erkennen wir darin die Umrisse denkbaren und wünschbaren solidarischen Handelns von Menschen überhaupt.

*Post Scriptum:*
*Zwei anspruchsvolle Geschwisterkonstellationen, die Liebe, Haß und Solidarität aufs Äußerste herausfordern und unter günstigen Umständen die betroffenen Personen und die geschwisterlichen Beziehungen weiterzuentwickeln vermögen, können hier nur angedeutet werden.*

*Die eine betrifft die immer wieder vergessenen Geschwister von behinderten, todkranken und verstorbenen Geschwistern. Die Eltern solcher kranker und verstorbener Kinder sind meistens innerlich und äußerlich derart beansprucht, daß sich die gesunden bzw. überlebenden Geschwister oft als »vergessen« erleben.*

*Die andere liegt im Ertragen despotischer und unversöhnlicher Geschwisterbeziehungen, die kein Weitergehen möglich* zu machen scheinen. Alles, was unternommen wird, kommt falsch an und schafft weitere Konflikte und Unversöhnlichkeiten. In solchen Geschwistersituationen ist es eine große Leistung, sich selber treu zu bleiben und sich innerlich offenzuhalten, damit die in solchen Situationen entstehenden – unvermeidlichen, aber bearbeitbaren – Schuld- und Schamgefühle bewältigt werden können.

## Vergegenwärtigung VIII

Wir alle kennen und erkennen Stimmen,
Blicke und Gesten der Horizontale –
vielleicht bedarf es des längeren Sinnierens und Erinnerns
im Früheren und in der Vergegenwärtigung, jetzt und hier.

Geschwister werden bedeutet wachsen wollen
und wachsen dürfen,
bedeutet konzentrierte Kraft –
Liebe, Haß und Solidarität.

# 9. Jenseits von Sieg und Niederlage.
## Über wechselseitige Abhängigkeiten

*»… die wiedergefundene Einheit, Versöhnung von Löwe,*
*Stier und Baum,*
*der Gedanke der Tat verknüpft, das Ohr dem Herzen,*
*das Zeichen dem Sinn.«*
**L.S. Senghor**

Kein Mensch ist dem anderen gleich. Die Einzigartigkeit jedes Menschen ist jedoch immer wieder gefährdet, und zwar, wenn Vergleiche angestellt werden. Geschwistergeschichten sind voll vom Leiden oder der (Schaden)Freude am Vergleich. Wir brauchen den Vergleich, um herauszufinden, wer wir sind und um unser Gefühl von Eigenheit und Differenz zum andern zu entwickeln. Es gibt jedoch ein ständiges und quälendes Vergleichen, das der eigenen Entwicklung entgegensteht, das verunsichert und sich selber und dem anderen nicht gerecht wird. Vergleiche gefährden die Einzigartigkeit jedes Menschen vor allem dann, wenn Nichtvergleichbares verglichen wird und wenn unübersehbare Ungleichheiten da sind.

Quälende Vergleiche in solchen Situationen gehen einher mit heftigen Gefühlen von Neid, Mißgunst, Eifersucht und Angst. Sie haben Entwertungen und Abwertungen zur Folge. Sie schränken die eigenen Möglichkeiten ein und verhindern die wechselseitige Entwicklung.

Die folgenden Beispiele verknüpfen die familiär-geschwisterliche Welt mit gesellschaftlichen Wirklichkeiten von Unterdrückung und Trauma. Familiäre und gesellschaftliche Welt berühren sich dort, wo ersichtlich wird, daß in Konflikten und Auseinandersetzungen beide Seiten ihre *wechselseitige Abhängigkeit* einzusehen haben, wenn eine Problemlösung gesucht wird. Nur so gibt es ein Weitergehen in Würde und Anerkennung. Die wechselseitige Abhängigkeit ist kein Schicksal, in dem es unabdingbar Sieger und Verlierer gibt. Sie kann so ausgestaltet werden, daß die Einzigartigkeit jedes Menschen bewahrt wird.

### Siegen oder verlieren?

»Wissen Sie«, sagt eine Frau, die ich Nina nenne, zu mir, »eigentlich fühle ich mich als der bessere Mensch als meine Schwester. Das ging mir immer schon so. Als wir noch Kinder waren, wurden wir immer als Zwillinge wahrgenommen, weil ich nur zehn Monate älter und im gleichen Jahr geboren bin wie meine Schwester. Da ich jedoch die ältere bin, mußte ich von früh an alle meine Künste aufbieten, um allen zu zeigen, daß ich älter und klüger bin. Dieser Einsatz hat sich bei mir gelohnt, wenn ich heute unsere beiden Leben betrachte. Ich habe es weit gebracht in meinem Leben, finde ich. Meine Schwester hat ihre Möglichkeiten zu wenig genutzt.«

Vergleiche machen entweder stolz oder unglücklich. Sie tun dem anderen, mit dem verglichen wird, immer Unrecht, weil sie seine Einzigartigkeit nicht würdigen. *Comparaison n'est pas raison*, sagt ein französisches Sprichwort, das heißt, ein Vergleich hat nie recht. Das Schicksal hat es gewollt, daß diese beiden Schwestern sich im Geschlecht gleich und im Altersabstand sehr nahe sind. Sie weisen denselben Jahrgang auf, sind aber keine Zwillinge. Bei einer solchen Nähe entsteht ein großer Individuations- und Selbstbehauptungsdruck. Durch Reaktionen von außen, in der Art »ihr gleicht euch so sehr, als wärt ihr Zwillinge«, wird er noch gesteigert.

Nina hat sich diesem Druck auf ihre Weise gestellt. Sie hat ihre Möglichkeiten genutzt, damit klar wurde, daß sie die ältere und klügere ist. Wir hören Nina erzählen und fühlen ihren Stolz, aber auch ihr Drama mit. Es war eine unerträgliche Situation gewesen für sie, in der sie sich ständig und quälend mit ihrer Schwester vergleichen mußte. Weder ihre Eigenart noch ihr Ältersein wurden durch die Eltern und die Schwester als das ihre anerkannt und gewürdigt. Es blieb nur die Flucht nach vorn in die schulische Leistung. Dort wurde ihr bestätigt, daß sie klüger war. Doch das genügte nicht als Genugtuung für so viel Leiden an Neid und Eifersucht. Sie konnte ihren Selbstwert bis ins heutige Alter von knapp vierzig Jahren nicht anders retten und stabilisieren als durch die Abwertung und Entwertung ihrer Schwester. Das stärkte einerseits ihr Rückgrat, anderseits litt sie unter ihrer für sie notwendigen, aus der Not gewendeten Überheblichkeit. Die Beziehung zur Schwester war auf spärliche familiäre Treffen reduziert, bei denen beide einander auswichen.

Nun stellte Nina sich dem therapeutischen Gespräch, und das bedeutet, daß sie sich verändern und weiterentwickeln will. Hinter der stolzen Fassade der Siegerin im Schwesternkampf kam eine ganz andere Nina hervor, die sich gefangen fühlte, isoliert, Opfer, »wie in einem Gefängnis, manchmal wie in einem Grab«. Sie sehnte sich in gewissen Momenten danach, ihrer Schwester die Hand entgegenzustrecken, »wir saßen im selben Boot«, doch sie fühlte eine tiefe Angst davor, dann »einfach komplett zusammenzubrechen«.

Ninas Stolz hatte ihr in den vergangenen Jahrzehnten geholfen zu überleben. Manchmal genoß sie ihn, doch mehr und mehr zehrte er an ihren Kräften und schwächte sie. Sie hatte diese Schwester in den Schatten gestellt. Deshalb konnte sie sie auch nicht recht sehen. Nun begann sie, sich intensiv mit ihrer jüngeren »Schattenschwester« zu beschäftigen. Nina erkannte mehr und mehr, daß ihr diese

Schattenschwester ihren eigenen Schatten zeigte. Das war schmerzhaft zu erfahren. Es war ihr zunehmend weniger klar, wer eigentlich die »Schattenschwester« und wer die »Lichtschwester« war. Beide erschienen ihr in ihren Erinnerungen und ihrem Ringen mit Licht und Schatten ausgestattet. Beide wurden zunehmend ähnlicher und menschlicher in ihrem Schwesternsein.

In dieser intensiven, mindestens ein Jahr lange dauernden Auseinandersetzung mit ihrer inneren Schwester erzählte Nina eines Tages von der Erschütterung, die die Lektüre von Mandelas Autobiographie in ihr ausgelöst hatte. Es schien ihr unglaublich, wie ein Mensch nach so langen Jahren der Erniedrigung und Mißhandlung nicht zerstört, nicht rachsüchtig und nicht verbittert geworden war. Auch sie, Nina, hatte in ihren Jahren der Gefangenschaft eine Mitgefangene, nämlich ihre Schwester. Sie begann in ihren Erinnerungen nach gemeinschaftlichen Erfahrungen mit ihr zu suchen. Zunehmend wurde sie sicherer darin, daß es diese gemeinsamen Erlebnisse geben mußte, auch wenn die Erinnerung danach durch stark abgrenzende und verleugnende Gefühle zuweilen aussichtslos erschien. In ihrer Beschäftigung mit der inneren Schwester und mit sich selbst schien es ihr lange unmöglich, je einmal mit der realen Schwester in Kontakt zu treten. Als dann doch auch wärmende und verbindende schwesterliche Gemeinsamkeiten erinnerbar wurden, wuchs die Angst, die ihr in ihrem Innern nun etwas vertrauter gewordene Schwester könnte eine ganz andere sein als die reale Schwester. Es war keine unberechtigte Angst nach Jahrzehnten eingefrorener Schwesternschaft.

Der Weg zu einem realen schwesterlichen Austausch wurde denn auch sehr lange und mühselig. Für Nina wurde spürbar, daß die Gespräche mit der Schwester nicht der letzte Schritt der Wanderung, sondern der wiederum erste Schritt auf einem längeren, noch schwierigeren Weg war.

Was ihr half, auf diesem Weg weiterzugehen, war ihr inneres Erleben von sich und ihrer Schwester als Gleichwertige, als Ebenbürtige, im selben Boot, »eben zwei Schwestern«, sagte sie einmal lachend. Und bald darauf sehr ernst und nachdenklich: »Wir sind einander auf Gedeih und Verderb ausgeliefert und können uns nicht entkommen. Da ist es besser, wenn wir miteinander im Kontakt sind. Aber wir sind einander noch nicht jene Schwestern, die wir vielleicht einmal werden könnten.«

## »Ich bin nicht frei, wenn ich einem anderen die Freiheit nehme«

In angstbesetzten und polarisierten Beziehungen nehmen sich die beiden betroffenen Seiten schemenhaft und holzschnittartig wahr. Wenn die Persönlichkeiten in ihrer Eigenart wahrgenommen würden, könnten das Schema und der Holzschnitt nicht gleich bleiben, sondern würden sich verändern. Gerade das wird zu verhindern versucht. Die Wahrnehmungen sind deshalb so starr und schwer korrigierbar, weil die Abwertung und das Feindbild des anderen den eigenen Selbstwert maßgeblich stützen. Jedes Abweichen davon wird als eigene Schwäche gefürchtet, die zum Zusammenbruch eines ganzen Systems führen kann. Es gibt dann tatsächlich nur noch den antizipierten Sieg oder den gefürchteten Verlust.

Wir erleben dieses Muster in geschwisterlichen Beziehungen, in Paarbeziehungen und in Familien- und in Gruppen-Beziehungen, in denen Angst abgewehrt werden muß. Im gesellschaftlichen Bereich finden solche Polarisierungen und daraus folgende verzerrte, starre Wahrnehmungen ebenfalls zwischen Einzelnen, vor allem aber zwischen Gruppen und Gruppierungen, Ethnien und Nationen statt. Ein Zusammenschluß von Menschen konstituiert sich immer durch eine Eigenart, die diese Gruppierung verbindet und sie von den anderen unterscheidet, sei das eine Religion, eine Hautfarbe oder eine ethnische oder politische Zugehörigkeit. Die Weltgeschichte ist voll von Religions-, Rassen- und Bürger- und Bruder-Kriegen.

Geschwisterlicher Kampf und geschwisterliche Versöhnung finden nicht nur im familiären Feld statt. Wir wenden uns im folgenden dem südafrikanischen Beispiel zu. Wie kaum in einem anderen Land sind in der jüngsten Entwicklung dieses riesigen und vielfältigen Landes geschwisterliche Kämpfe und Versöhnungen im großen Maßstab ausgetragen worden.

*»Ich hänge dem Ideal einer demokratischen und freien Gesellschaft an, in der alle Menschen in Harmonie und mit gleichen Chancen leben.«*[57] Diese Worte hat der zu lebenslänglicher Haft verurteilte Mandela von seiner Anklagebank aus gesprochen. Während seiner siebenundzwanzig Jahre in südafrikanischen Gefängnissen hat er unverbrüchlich an dieser Verpflichtung festgehalten. Aus den Nachrichten, die über ihn aus dem Gefängnis bekannt wurden, erfuhr man, daß er sich in diesen langen Jahren mit den Menschen draußen verbunden fühlte, so wie sie mit ihm verbunden blieben. Er verließ Anfang der neunziger Jahre das Gefängnis ohne Rache.

»Ich bin nicht wahrhaft frei, wenn ich einem anderen die Freiheit nehme, genausowenig wie ich frei bin, wenn mir meine Freiheit genommen ist. Der Unterdrückte und der Unterdrücker sind gleichermaßen ihrer Freiheit beraubt. Als ich das Gefängnis verließ, war es meine Aufgabe, beide, den Unterdrücker und den Unterdrückten, zu befreien. Manche sagen, das sei nun erreicht. Doch ich weiß, das ist nicht so. Die Wahrheit ist, wir sind nicht frei; wir haben erst die Freiheit erreicht, frei zu sein, das Recht, nicht unterdrückt zu werden. Wir haben nicht den letzten Schritt unserer Wanderung getan, sondern den ersten Schritt auf einem längeren, noch schwierigeren Weg. Denn um frei zu sein, genügt es nicht, nur einfach die Ketten abzuwerfen, sondern man muß so leben, daß man die Freiheit des anderen respektiert und fördert.«[58]

Nach über dreihundert Jahren weißer Herrschaft war im mehrheitlich schwarzen Südafrika 1948 die Apartheid ausgerufen worden. Die gesetzlich festgehaltene Trennung der weißen von der schwarzen und farbigen Bevölkerung mit systematischer Benachteiligung und Unterdrückung der Schwarzen und Farbigen markierte den Gipfel der Unterdrückung der Menschen mit dunkler Haut durch die weiße Rasse. Die weißen Herrscher legitimierten das mit ihrer Überlegenheit und ihrem Leistungsethos und -vermögen. Dahinter verbarg sich eine große Angst vor den dunkelhäutigen, so ganz anderen Brüdern. Es wurde versucht, diese Angst durch Entwertung und Unterdrückung der ganz anderen zu bannen.

Im Ausloten des Herstellens von Ebenbürtigkeit interessiert uns, wie der schwarze Führer Mandela nach seiner Freilassung den weißen Unterdrückern entgegengetreten ist. Er hat den Generälen klargemacht, daß sie in einem möglichen Krieg die erdrückende Mehrheit von Schwarzen in diesem Land nicht alle umbringen könnten und die internationale Gemeinschaft dies auch nicht zulassen würde. Sie konnten nicht mit einem einseitigen Sieg rechnen. Die Generäle mußten mit Mandela und seinen Mitkämpfern in eine Neugestaltung der wechselseitigen Abhängigkeit[59] einlenken. Die alte Form der wechselseitigen Abhängigkeit hatte bisher die Beziehungen polar charakterisiert: Unterdrücker und Unterdrückte, Weiße und Schwarze, Herren und Diener, Sieger und Verlierer. Die Macht floß in einer Richtung, es gab keine Ausgewogenheit, keine Balance. Die neu ausgehandelte wechselseitige Abhängigkeit bei der Abschaffung der Apartheid im Jahre 1994 wurde durch das notwendige, aus der Not gewendete Bewußtsein der gemeinsamen Verantwortung für Land und Menschen und durch ein gemeinsames Interesse am Überleben geschaffen. Es gab keinen anderen Weg mehr. Die neue wechselseitige Abhängigkeit bedeutet Interaktion, Dialog und Zusammenarbeit anstelle der früheren Trennung und Hierarchisierung, bedeutet mehr Menschlichkeit für alle, Vertrauen und Transparenz, aber auch Risiken, Zweifel und Intrige.

Es geht darum, beide, Unterdrückte und Unterdrücker zu befreien. Dies ist eine erstaunliche Perspektive. Sie wurzelt zutiefst im südafrikanischen Menschenbild des »Ubuntu« (was Menschlichkeit, Solidarität bedeutet), das den Menschen als ein zutiefst gemeinschaftliches Wesen begreift.[60] Der Mensch ist Mensch, weil er zu den anderen dazugehört, weil er teilnimmt, dabei ist und mit den andern teilt. Es ist ein Menschenbild, in dem der Einzelne weiß, daß Unfreiheit und Demütigung von anderen ihn selber und die anderen schwächen. Die andere Seite, selbst diejenige der Unterdrücker, wird in die eigenen Empfindungen und Überlegungen der Unterdrückten einbezogen, weil beide Gefangene eines Systems sind, das die volle Menschlichkeit verhindert. Ubuntu bedeutet afrikanisches Kulturgut, das in die zeitgenössischen südafrikanischen Demokratievorstellungen einfließt. Das christliche Gedankengut vertritt – denken wir an die Bergpredigt – durchaus Ideale, die für Versöhnung und Handreichung plädieren und Rache und Vergeltung ablehnen. Es gibt also in beiden Kulturen die versöhnlichen Gesten, die zur Wahrung des Wohls von allen, des Gemeinwohls, Freund und Feind in eine gemeinsame Überlegung einbeziehen, wie Freiheit entstehen kann.

## Ein gemeinschaftliches Selbst

Hillman, ein Jungianischer Psychoanalytiker, vertritt die Auffassung, das wir die westliche Idee des Selbst neu zu definieren haben.[61] Das westliche Selbst ist für ihn die Verinnerlichung des jenseitigen unsichtbaren Gottes und damit ein transzendenter und hierarchischer Begriff, den er »auf die Erde holen« möchte. Das Selbst als Verinnerlichung der Gemeinschaften, in denen Menschen teilnehmen (Geschwister, Freundeskreis, Nachbarschaft usw.) ist demgegenüber ein diesseitiger, gegenwartsbezogener Begriff, bei dem es um das Ich und die Anderen geht. Es setzt im Hier und Jetzt gemeinschaftliche Verantwortlichkeiten. Die wechselseitige Abhängigkeit der Menschen voneinander wird zu einer gemeinsamen Aufgabe ohne transzendentale Hintertür, ohne einen Gott, der von der einen Seite vereinnahmt werden kann. Sie bedeutet gemeinschaftliche Verantwortung in der Jetztzeit, am gegenwärtigen Ort.

Robert N. Emde betont, daß es wie Ironie anmutet, daß wir in unserer Zeit des Narzißmus, der Betonung des Ich Aspekte einer Wir-Psychologie zu sehen beginnen. Er hat bei Untersuchungen von Mittelschichtskindern ein sich entfaltendes Wir-Gefühl entdeckt, das Gefühl nämlich, daß die Kinder, in Gegenwart von unterstützenden anderen ein verstärktes Gefühl von Macht und Kontrolle hatten. Emde sieht darin »einen grundlegenden Wandel in unserer Weltsicht«. Seine Erörterungen über die Erweiterung des Ich-Du zum Ich-Wir und sein Begriff des »intersubjektiven Selbst« trifft sich meines Erachtens durchaus mit dem geschwisterlichen Ansatz. Es ist in unserer Zeit ein ernsthaftes Anliegen auszumachen, von verschiedenen Seiten her zum »Wir« und zum Gemeinschaftlichen zu gelangen – als eine unter anderen Möglichkeiten, die zunehmend bewußten weltweiten wechselseitigen Abhängigkeiten konstruktiv und menschlich zu gestalten.

Es gibt kein Leben ohne Verletzungen und Kränkungen. Menschenwürde mißt sich am bewußten Umgang mit Verletzungen, Einsperrungen und Demütigungen. In wechselseitigen Abhängigkeiten, denen nicht zu entrinnen ist, – zwischen Schwarzen und Weißen, Frauen und Männern, Geschwistern und Eltern, Vorgesetzten und Mitarbeitern – muß gelernt werden, miteinander zu leben. Das Beispiel Südafrika, das uns den Übergang von einer unmenschlichen wechselseitigen Abhängigkeit in eine menschenwürdige, anerkennende wechselseitige Abhängigkeit mit allen Versuchungen, Fallstricken und Verheißungen heute vorlebt, kann das geschwisterliche Denken wesentlich inspirieren.

Erinnern wir uns an Nina, die ältere Schwester, zu Beginn ihrer Therapie. Sie ist mit ihrer Schwester durch die Geburt in eine zwillingsähnliche Ausgangssituation geraten. In unterschiedlicher Weise – das wird erst viel später in einem schwesterlichen Gespräch deutlich – leiden beide an der Mißachtung ihrer Eigenart und an tiefen Kränkungen ihres Selbstseins. Beide fühlen sich gefangen in einer wechselseitigen Abhängigkeit. Beide müssen sich befreien, nicht von der wechselseitigen Abhängigkeit, denn das ist nicht möglich. Sie müssen lernen, sich in der wechselseitigen Nähe und Abhängigkeit als Gleichwertige anzuerkennen.

Mandela und seine Gefährten versuchten das Gefängnis als eine Schule der Solidarität, des Überlebens und des Lernens zu nutzen. Selbst in den schlimmsten Zeiten, in denen Mandela an die äußersten Grenzen getrieben wurde, genügte ein sekundenlanger Schimmer von Humanität bei einem Wärter, um ihn wieder sicherer zu machen und weiterleben zu lassen. Er glaubte an die Güte des Menschen als Flamme, die versteckt, aber nie ausgelöscht werden kann. In solchen erwähnten Sekunden sah er den Unterdrücker als Ebenbürtigen, eben geboren wie er selbst mit einer großen Sehnsucht nach Freiheit und Würde.

Bereits in den Gefängnisjahren hat Mandela dazu aufgerufen, mit »unseren Hirnen zu denken und nicht mit unserem Blut«. Es ist eine klare Stellungnahme gegen rassistisches Denken.[62]

## Wechselseitige Abhängigkeiten

Die wechselseitige Abhängigkeit soll im folgenden am Beispiel einer afrikanischen Fabel veranschaulicht werden.

»Das Kaninchen war hungrig. Es sah eine Beute in der Höhle, die ein Löwe sich als Falle ausgesucht hatte, und es vergriff sich daran. Der Löwe aber ertappte das Kaninchen auf frischer Tat und war entschlossen, es zur Strafe zu verzehren. Das Kaninchen begann laut zu schreien, die Höhle falle ein. Wenn der starke Löwe die Decke nicht stütze, dann würden sie beide unter den Trümmern begraben werden. Wenn er stütze, werde es Hilfe holen. Der Löwe sprang in Todesangst auf und stellte sich auf seine hinteren Pfoten, um mit den vorderen die Höhlendecke zu stützen. Das Kaninchen rannte hinaus und verschwand. Der Löwe stützte und stützte und wurde müder und müder. Er bereitete sich darauf vor, lebendig begraben zu werden, und ließ schließlich die Decke los. Nichts geschah. Nach der ersten Freude, am Leben geblieben zu sein, dämmerte ihm, daß ihn das Kaninchen betrogen hatte.«[63]

Unsere Sympathien können durchaus beiden Seiten gelten, zum einen dem diebischen Kaninchen, das listig genug ist, im ungleichen Kräftespiel am Leben zu bleiben, zum andern dem in die Irre geführten Löwen, der ebenfalls am Leben bleibt und wohl ein Weilchen lang mit seinem Würdeverlust zu kämpfen hat. Beide müssen in dieser Szene Einbußen hinnehmen.

Der starke Löwe und das kleine Kaninchen befinden sich in einer wechselseitigen Abhängigkeit. Die Listen der Ohnmacht ziehen sich als Strategie der Schwächeren durch Geschichte und Gegenwart. Sie sind ein Versuch, in einer bestimmten Situation für einen Moment eine Kräftebalance herzustellen. Doch das Leben geht für den Löwen und das Kaninchen weiter, denn die beiden werden sich sicherlich wieder begegnen. Das mag unsere Phantasie beflügeln. Die wechselseitige Abhängigkeit erzwingt und ermöglicht immer wieder neue Begegnungen.

Die Fabel vom Löwen und vom Kaninchen verweist auf das existentelle Moment der wechselseitigen Abhängigkeit. Wir begegnen ihr überall von der Geburt bis zum Tod. Immer wieder stützt ein starker Löwe die Höhle vor dem Einbrechen, und jedesmal hat er einen anderen Namen. Immer wieder versucht sich ein Kaninchen einen Bissen zu schnappen und rennt nachher um sein Leben. Die wechselseitige Abhängigkeit kann ein System des Schreckens sein. Die erstarrten Wahrnehmungen bilden ein Gefängnis für beide Seiten, Stärkere und Schwächere, Unterdrücker und Unterdrückte, Ältere und Jüngere. Die Einsicht in die wechselseitige Abhängigkeit bietet aber auch eine Chance zu Versöhnung und Solidarität.

Brüder und Schwester schildern häufig die wechselseitige Abhängigkeit unter den Geschwistern als Unmöglichkeit, sich auszuweichen. Ein Mann, Jakob, in den mittleren Jahren erzählt:»Meine beiden älteren Schwestern haben mir das Leben immer schon schwergemacht. Die eine hat den Vater genommen und die andere die Mutter besetzt. Für mich blieb niemand mehr übrig. Ich fühlte mich auch nie verstanden von ihnen, von allen nicht. Ich stand im Schatten und fühlte mich allein und verschupft, doch das konnte und wollte niemand verstehen. Was mich nach dem Wegzug aus dem Elternhaus fast verrückt gemacht hat, ist die Fürsorglichkeit meiner Schwestern. Sie haben mir geschrieben, Pakete geschickt, sich um mich gekümmert. Mir wäre lieber gewesen, sie hätten mich in Ruhe gelassen. Vor zehn Jahren sind unsere Eltern bei einem Verkehrsunfall ums Leben gekommen. Ich befand mich damals im Ausland und mußte überstürzt heimkehren. Beim Heimflug haderte ich mit dem alten Gefühl, meiner Familie einfach nicht entrinnen zu können. Meine Schwestern hatten alles erledigt. Ich werde nie vergessen, wie liebevoll sie mich empfingen, mich, den verlorenen Bruder, und welches Gefühl des Heimkehrens ich in mir fühlte. Wir haben dann tagelang zusammengesessen und über unsere frühere Zeit geredet. Nicht nur ich, sondern auch Lena und Martha hatten unter unseren Eltern gelitten. Vater und Mutter hatten es nie gut gehabt miteinander und haben uns Kinder voneinander getrennt, wo sie nur konnten. Ich hatte nie gemerkt, wie wichtig ich für meine Schwestern war. Nun war es anders. Unsere Abhängigkeit voneinander, ja die Unausweichlichkeit unserer Geschwisterbande hatte sich in ein warmes Gefühl des Zusammengehörens verwandelt. Als ich zurückflog in die Staaten, fühlte ich mich leicht und frei wie ein Vogel. Ich hatte zwei Schwestern bekommen, die mich so annahmen, wie ich geworden war, und die ich nun zu lieben begann. Das Unausweichliche, worunter ich immer gelitten hatte, hat sich wundersam verwandelt.«

Es gibt auch Beispiele aus anderen Lebensbereichen, die den existentiellen Kern der wechselseitigen Abhängigkeit berühren. Zwei wesentliche Richtungen seien hier angedeutet: zum einen die Naturwissenschaft, vorab jene Physiker, die sich mit der Natur und Philosophie der wechselseitigen Abhängigkeit der Teilchen beschäftigen. Zum anderen die asiatischen Meditationslehren und -praktiken, die um die wechselseitige Abhängigkeitsbeziehung aller Dinge wissen und sie aufzulösen versuchen in der wahren Natur des spirituellen Bewußtseins.[64]

Ich erwähne sie deshalb hier, weil Jakobs Bruder-Schwestern-Geschichte diese wahre Natur des spirituellen Bewußtseins berührt. Ein sich Versöhnen und Wiederfinden dieser Art verwandelt die Betroffenen zutiefst. Jakob hat von der wundersamen Verwandlung gesprochen. Er hat damit den Kern dessen benannt, was in gelingenden Beziehungen geschieht, wenn ein Weg aus der Verstrickung der wechselseitigen Abhängigkeit heraus begangen werden kann. Geschwisterbande bedeuten eine wechselseitige Abhängigkeit, die in Polarität, Abwertung und Abwehr verharren oder aber durch eine innere Wandlung – das Beispiel von Nina – und einen äußeren Schicksalsschlag – der Tod von Jakobs Eltern – den Anstoß zu Versöhnung und Wiederfinden erhalten kann.

## Eine Schwester, die eine andere gefunden hat

Zwei Schwestern suchen miteinander eine Therapie auf. Anna und Bettina sind um die dreißig Jahre alt, beide berufstätig, wohnhaft in derselben Stadt. Anna hat seit einiger Zeit einen Freund, mit dem sie nun zusammenlebt. Es geht ihr gut dabei. Bettina lebt in wechselnden Beziehungen, fühlt sich immer wieder allein und etwas unglücklich. Sie ist die ältere der Schwestern. Sie hat in früheren Jahren viel für ihre jüngere Schwester gesorgt, ja sich aufgeopfert, wie sie es bezeichnet. Die jüngere Anna hat es als ständiges Befehlen und Kontrollieren erlebt.

Bei den nun erwachsenen Schwestern ist einiges anders geworden. Anna lädt Bettina häufig ein, hört ihre Liebes- und Leidensgeschichten an und bietet ihrer Schwester heute den Ort an, an dem diese immer wieder unterschlüpfen kann. Anna hat um die gemeinsame Therapie gebeten und äußert ihre Angst, daß ihr Bettina ihren Freund ausspannen könnte. Ihre Schwester habe ihr bereits drei frühere Freunde weggenommen. Bettina ist verblüfft, und

Anna beginnt zu erzählen. Die Geschichten gehen weit zurück. Bettina äußert ihre Mühe, sich zu erinnern. Ich als zuhörende und gelegentlich nachfragende Dritte wundere mich, daß die beiden Schwestern von denselben Männern reden. In diesen Schwestern-Stunden fühle ich mich belebt und angeregt. Ich höre zwei Geschichten von zwei Frauen, die Schwestern sind, die sich lieben und hassen, die streiten, wütend werden, weinen und wieder lachen. Beide ringen um meine Aufmerksamkeit und Anerkennung.

Es braucht viele Stunden des Gesprächs, bis sich beide innerlich ein notwendiges Stück von den abwesenden Eltern lösen können. Von den Eltern und den anderen Geschwistern erzählen Anna und Bettina schließlich, daß sie eifersüchtig seien auf die Therapie der beiden. In der letzten Stunde ziehen sie Bilanz. Bettina sagt, sie habe wieder eine Schwester gefunden. Anna hat heute weniger Angst vor ihrer Schwester und bittet diese zum Abschluß, ihre Partnerschaft zu respektieren. Darauf wird das Gespräch für Momente wieder prekär und bedrohlich. Bettina sichert ihr dann zu, ihren Wunsch ernst zu nehmen, und appelliert gleichzeitig etwas pädadgogisch an Annas eigene Verantwortung.

Das Gestalten der wechselseitigen Abhängigkeit gehört zu den großen Herausforderungen, die Schwester und Schwester, Bruder und Schwestern zu leisten haben. Unterdrückung, Abwehr und Abwertung schränken das Potential von beiden Seiten ein. Oft scheint es, als müßte diese Einschränkung erst leidvoll erfahren werden, damit der Weg frei wird zu Anerkennung und Versöhnung.

## Wie Versöhnung entstehen kann

Wer seine Vergangenheit nicht erinnern kann, ist dazu verdammt, sie zu wiederholen. Erinnerung wird zur elementaren Vorbedingung der Verhinderung weitergehenden Leidens.

»Ohne Haß keine Versöhnung«, nennt der Traumaforscher und Psychotherapeut David Becker seinen Bericht über die psychotherapeutische Arbeit mit schwersttraumatisierten Verfolgten und Gefolterten des chilenischen Regimes.[65] Als Deutscher war er lange Zeit der Ansicht gewesen, daß vor allem Täter, Unterdrückter und Peiniger ihre eigene Vergangenheit schlecht verarbeiten. In der Arbeit mit dem Trauma der chilenischen Verfolgten wurde er mit dem Eindringen der Aggressoren und Peiniger in die Seele der betroffenen Opfer konfrontiert. Bei schweren Traumatisierungen (Folter, Verschleppung, Vergewaltigung usw.) kann ungewollt und unbewußt eine Identifikation mit dem Aggressor entstehen, um der extremen Situation, dem Zwang und der absoluten Ohnmacht und Hilflosigkeit überhaupt zu begegnen und sie aushalten zu können. Solche sogenannte Täterintrojekte haben, wenn sie entstehen, eine überaus wichtige Schutzfunktion. In der Identifikation mit dem Täter fühlt sich ein Opfer nicht mehr so ohnmächtig und hilflos. Doch läßt sich damit nur qualvoll leben.

In der Folge davon versuchen traumatisierte Menschen, diesen unerträglichen Gefühlen mit Hilfe von Unterdrückung, mit Verleugnung der Realität und Verdrängung der selbstzerstörerischen Folgen des eigenen Verhaltens Herr zu werden. Es ist der verständliche Wunsch, die traumatischen Erfahrungen loszuwerden und hinter sich zu lassen. Trauma-Arbeit hat sich in den letzten Jahren zu einer notwendigen und anspruchsvollen therapeutischen Aufgabe entwickelt. Traumatisierte Menschen brauchen Unterstützung, um ihrem inneren Feind seine Destruktivität zu nehmen und ihn unschädlich zu machen.[66] *The best way out is going through* – der beste Weg, um aus etwas herauszukommen, ist mitten hindurchzugehen. Bei Traumatisierungen bedarf jedoch der Prozeß der Traumakonfrontation der vorherigen sorgfältigen und mitfühlenden Stärkung und Stabilisierung des traumatisierten Menschen. Ohne diese Stabilisierung droht eine erneute Traumatisierung. Es trifft zu, daß es ohne Wut und Haß keine Versöhnung gibt. Doch die Konfrontation mit dem erinnerten und mit allen Sinnen wahrnehmbaren Schrecken und die damit einhergehenden Gefühle von Ohnmacht, Wut und Haß in der Traumkonfrontation müssen ausgehalten werden können. Wenn der traumatisierte Mensch nicht genügend gestärkt und innerlich stabilisiert ist im voraus, wiederholt sich die Traumatisierung und verschlimmert sich – sie wird zum Schrecken ohne Ende.

Auf die Traumakonfrontation folgt die Genesungs- und Heilungsphase. Die Versöhnung kann erst vorbereitet werden, wenn die eigene Geschichte erinnert, angenommen und in das eigene Leben integriert werden kann. Das geht nicht ohne Trauern. Eine mögliche Heilung, wenn überhaupt, bedeutet nicht, daß das Leiden verschwindet, sondern, daß es zugelassen und im Trauern und Integrieren verwandelt wird. Imagination ist eine heilsame Kraft. So wie Kinder im Umgang mit bösen, bedrohlichen Gestalten ihre erlebten Schrecken bewältigen, können traumatisierte Menschen aufgrund des Kampfes und der Versöhnung mit den Figuren der Schrecken der Vergangenheit wieder zu ihren Lebensquellen finden. Es braucht dazu eine innerlich kraftvolle und liebevolle Begleitung. Die Therapeuten und die therapeutische Beziehung können nach und nach zu guten inneren Figuren und Beziehungsmöglichkeiten für traumatisierte Menschen werden und ihre eigenen Ressourcen verstärken.

Traumabewältigung kann neben der individuellen Behandlung auch auf gesellschaftlicher Ebene zu einer Notwendigkeit werden. Ebenso wie in Chile und anderen lateinamerikanischen Ländern ist auch in Südafrika versucht worden, mit einer von der neuen Regierung eingesetzten sogenannten »Wahrheits- und Versöhnungskommission« den falschen Behauptungen und Verleugnungen von Tätern und Opfern entgegenzuarbeiten. Beide Seiten sollen durch die Konfrontation mit der »Wahrheit« den Weg zur »Versöhnung« finden. Mördern kann dort Amnestie gewährt werden, wo sie öffentlich die Taten berichten, aus denen die Geschichte des Unrechts sich zusammensetzt. Die »Wahrheit« bedurfte dieser Inszenierung, um nicht in Fassungslosigkeit zu versinken. Die Trauer brauchte sie, um sich am Wissen und der »Wahrheit« halten zu können, und die Reue, um sich Vergebung zu verdienen. Die Wahrheits- und Versöhnungskommissionen entsprangen einem Konzept der historischen und moralischen Vernunft und wurden zu schmerzvollen und mühseligen Prozessen der Wahrheitssuche. Einsicht und Schmerz, verlogene Reue und Verständnislosigkeit waren gleichermaßen sichtbar.

Der Präsident der südafrikanischen Kommission, Desmond Tutu, hat seinen Tätigkeitsbericht mit »Keine Zukunft ohne Vergebung« betitelt. Wut, Haß, Rachelust und Aggression sind für ihn Marksteine auf dem Weg zur Vergebung. Vergebung ist für ihn kein altruistischer Pfad, sondern die beste Form von Selbst-Interesse. Was den andern entmenschlicht, entmenschlicht einen selber und umgekehrt. Vergebung macht die Menschen unverwüstlich und ermöglicht ihnen ein Überleben in einem System von Ungerechtigkeit und Entmenschlichung.[67] Der Autor beschreibt nicht zuletzt auch durch die Bewältigung seiner Krebserkrankung während der jahrelangen Arbeit in der Wahrheits- und Versöhnungskommission den unendlich schwierigen, manchmal unmenschlich hoffnungslos erscheinenden Weg zu mehr Menschlichkeit.

## Was unverstanden blieb, kommt wieder

Wer seine Geschichte nicht erinnert und erkennt, ist verdammt, sie zu wiederholen. »Was so unverstanden geblieben ist, das kommt wieder; es ruht nicht, wie ein unerlöster Geist, bis es zur Lösung und Erlösung gekommen ist.«[68] Das betrifft sowohl die individuelle als auch die kollektive Geschichte.

Versöhnung setzt ein Erinnern an Zugefügtes beziehungsweise Erlittenes, an Verletzungen und Ungerechtigkeiten voraus. Wo Menschenwürde mit Füßen getreten wird, sind Haß, Wut und Zorn verständlich und notwendig. Die Tabuisierung und Unterdrückung dieser Gefühle macht krank oder verrückt und führt erst recht zu unkontrollierbarer Zerstörung. »Die Wut jagt die schwarze Seite der Wahrheit ins Tageslicht, und man hört sich Dinge sagen, die erschrecken. Wut ist der Energieschub in Richtung Veränderung. Sie reißt die glatte Oberfläche des Wohlgefallens auf, pflügt um und bereitet den Boden für eine neue Saat. Wut hilft, die Angst zu überwinden und die Wände des Kerkers zusammenzuschlagen.«[69] Wut, Haß und Trauer müssen keineswegs blind machen. Sie lassen erkennen, machen sehend, lassen verstehen und wieder neu sehen. Sie ebnen den Weg zur Versöhnung. Versöhnlichkeit bedeutet eine Haltung, die Versöhnung als Dauerprozeß in einer Beziehung versteht. Denn immer wieder entstehen Spannungen, Regelverletzungen und einseitige Belastungen. Immer wieder geht es darum, Verstehen und Vertrauen herzustellen.

Versöhnlichkeit als Haltung setzt Autonomie voraus und basiert auf Stärke. Im besten Fall wirkt sie stärkend und selbsterweiternd. Doch Ungleichheiten und Machtgefälle zwischen den Menschen erschweren eine Versöhnung. Aus Angst und Einschüchterung entsteht keine Versöhnung. Wie lebt eine jüngste Schwester mit der Erkenntnis, daß ihre älteren Brüder auch noch beim Erbe bevorzugt werden? Wie kommt eine andere Schwester mit dem Leiden an ihrer Einsamkeit zurecht, während ihre Geschwister Partner und Kinder haben? Wie lebt ein Bruder mit dem tödlichen Unfall seines Bruders nach einem unheilvollen Streit zwischen den beiden?

Entwicklung setzt sehr oft Regelbrüche und Regelverletzungen voraus und kann Ungleichheiten und Ungerechtigkeiten schaffen. Versöhnung jedoch erfordert Gerechtigkeit. Und wenn weder Vernunft noch Gerechtigkeit in Sicht sind, wenn weder Sühne noch Wiedergutmachung zu erwarten sind? »Versöhnlichkeit entspricht dem Irrationalen, Unfairen und Wunderbaren des Lebens – sie bedeutet Durchlässigkeit für Gutes«, schreibt Katrin Wiederkehr. Versöhnlichkeit greift weiter als Schuld und Sühne und besteht ebenbürtig neben dem Kampf gegen Unrecht und Entwürdigung. Selbsterfahrung zieht Versöhnlichkeit nach sich. Das ist das Erstaunliche an Menschen wie Mandela, Tutu und vielen anderen. Das ist das Verblüffende in Therapien und Selbsterfahrungen, wenn eigene Selbstgerechtigkeit und vermeintliche Unschuld, die Gelüste nach Sieg und die Absage an Niederlage und Groll aufgegeben werden können. Aber nicht nur: Der Schlüssel zur Versöhnlichkeit mit anderen liegt in der Versöhnung mit sich selber.

Das Leben ist auf Versöhnlichkeit angelegt. Die Natur erholt sich immer wieder aus den ungeheuerlichsten Verwüstungen und Zerstörungen. Es wird immer wieder Frühling. Immer wieder entsteht neues Leben. Kein Partner, kein Geschwister und keine Freundin schuldet dem anderen ein sinnvolles Leben. Der Verzicht auf solche Ansprüche und Forderungen an andere und die Einsicht und das Vertrauen auf die eigenen Kräfte stimmen versöhnlich.

## Vergegenwärtigung IX

Wechselseitige Abhängigkeiten,
weder Sieg noch Niederlage – nach der Feier ist Platz
für alle, die dabei waren,
gemeinschaftliches Selbstsein.

Das Wechselspiel der Freiheiten –
nehmen und geben.

»Versöhnlichkeit entspricht dem Irrationalen, Unfairen und
Wunderbaren des Lebens –
sie bedeutet Durchlässigkeit für Gutes.«

# 10. Die Bedeutung von geschwisterlichen Bindungen und »gemeinsamem Grund«

*Geteilte Freude ist doppelte Freude,*
*geteiltes Leid ist halbes Leid.*

## Geschwister und das Geschwisterliche

Jedes Geschwister ist ein einzigartiges Wesen, das durch Geburt und Aufwachsen seine ebenso einzigartige Familie erlebt, die es nur bedingt mit den anderen teilen kann. Diese Einzigartigkeit kann nicht genug betont werden, weil die Wahrnehmung derselben erst möglich macht, sich selbst als »eigen« und die anderen als »anders« zu erleben. Dies ist die Voraussetzung zum Erleben von Ebenbürtigkeit. Unter Geschwistern und in Familien wird oft versucht, den einen oder andern vergleichsweise an bestimmten Merkmalen der anderen Familienmitglieder festzumachen: Der ältere Bruder ist wie der Vater, die jüngere Schwester das Gegenteil des Bruders, und die Jüngste schlägt der Mutter nach. Mit diesen Vergleichen wird die Einzigartigkeit jedes einzelnen wenig gewürdigt. Zum einen scheint es, die Kinder müßten den Eltern gleichen im Sinne des Apfels, der nicht weit oder ganz weit vom Stamm fällt, zum anderen werden die Geschwister etikettiert und eingebunden in den elterlich-familiären Erziehungsplan.

Das Geschwisterliche ist gleichzeitig etwas Gegebenes sowie das, was die Geschwister im Laufe ihres Lebens aus ihrem Geschwistersein machen. Es war in den vorangehenden Kapiteln viel die Rede davon, wie sich Geschwisterbeziehungen entwickeln und verändern können. Es genügt in der Regel, wenn sich eines der Geschwister auf den Weg zum anderen begibt. Wenn sich ein Element in einem System bewegt, wird auch das andere zur Bewegung angestoßen. Was das Geschwisterliche ausmacht, hat mit Dauer, Kontinuität, Zusammengehörigkeit und Tiefe zu tun. Die Geschwisterbeziehungen sind, wie erwähnt, die längsten in unserem Leben. Wir können ihnen kaum ausweichen, selbst wenn wir möchten. Damit wird die wechselseitige Abhängigkeit zum Gestaltungshorizont. Eindrücklich ist die Tatsache, daß im mittleren und späteren Leben Wiederannäherungen unter Geschwistern festzustellen sind, die am früheren Zusammengehörigkeitsgefühl anknüpfen. Dabei ist es nicht so, daß dasselbe Boot oder Nest nur harmonische und glückliche Erinnerungen wachwerden läßt. Die früheren Abgrenzungs- und Selbstwerdungskämpfe hinterlassen durchaus ihre gefühlsmäßigen Spuren.

Kontinuität und Zusammengehörigkeit speisen sich aus jener Quelle der physischen und psychischen Nähe im Aufwachsen, die ein Leben lang – verschüttet, brachliegend und oft ambivalent – die Sehnsucht nach dem Vertrauten wachhält.

## Veränderungen geschwisterlicher Beziehungen

Es kann nicht mehr von der Selbstverständlichkeit ausgegangen werden, mit mehreren Geschwistern aufzuwachsen. Die Geschwisterzahlen sind in Abnahme begriffen. Gut die Hälfte der Familienhaushalte hat ein Kind, knapp zwei Fünftel zwei Kinder. Zwei-Personen-Haushalte mit einem Kind und einer Elternperson nehmen massiv zu. Wir gehen einer neuen Kultur entgegen, in der die Spielarten geschwisterlicher Beziehungen an Bedeutung verlieren. Die wachsende Zahl von Einzelkindern, Alleinerziehenden und alleinlebenden Personen führt zu einer mehr und mehr individuierten und atomisierten Gesellschaft. Das Leiden an Einsamkeit und Lieblosigkeit ist eine oft gehörte Klage heutiger Menschen.

Die stetig wachsende Zahl von Scheidungen markiert eine weitere gesellschaftliche Veränderung, die Geschwister wesentlich betrifft. Immer mehr Kinder wachsen mit einem alleinerziehenden Elternteil auf, oft als Einzelkinder. Fortsetzungsfamilien, die nach Trennungen und Scheidungen als Zweit- und Drittfamilien gelebt werden, sind ebenfalls im Zunehmen begriffen. Kinder in Fortsetzungsfamilien erhalten neben Stiefmüttern oder -vätern auch Halb- und Stiefgeschwister, also soziale Geschwister. Mit ihnen haben sie vorangegangene Trennungen, Verlusterlebnisse und Trauerphasen gemeinsam. In Fortsetzungsfamilien, in denen leibliche und soziale Geschwister und Eltern miteinander und unter verschiedenen Dächern leben, wachsen die Vielfalt der Beziehungen wie auch die Verunsicherung, die Reibungs- und Konfliktmöglichkeiten. Familiäre Mythen lassen sich in scheinbar ganz normalen Vater-Mutter-Kind-Familien besser aufrechterhalten; die Gemeinsamkeit von »Leib und Dach und Namen« (Ley und Borer 1992) schafft eine – oft nur vermeintliche – Sicherheit, die es in Fortsetzungsfamilien nicht mehr gibt.[70] In Scheidungs- und in Fortsetzungsfamilien ist oft nicht mehr klar, wer wirklich dazugehört – der anderswo lebende Vater, die neue Mutter, die neuen Geschwister. Das kann zu tiefer Verunsicherung führen, in der oft die Unterscheidung zwischen leiblichen und sozialen Geschwistern und Eltern wichtig wird – als gäbe das Kriterium der Leiblichkeit eine Orientierung in dieser Vielfalt. Diese kann auch zur Chance werden.

Unter dem Einfluß elterlicher und stiefelterlicher Erwartungen und Zuschreibungen können nahezu alle persönlichen Merkmale und Fähigkeiten von Geschwistern Zuneigung, Ansporn und Verstehen ermöglichen oder aber Rivalität, Neid und Eifersucht auslösen. Es ist auffallend, wie im Reden über Fortsetzungsfamilien das Negative, Destruktive oft vor dem Positiven, die Entwicklung Stimulierenden betont wird. Es muß mit den Loyalitätskonflikten und Schuldgefühlen zusammenhängen, die Eltern und Kinder im Feld von Familienveränderungen empfinden – als wäre es unmöglich, sich in diesem gesellschaftlich oft noch negativ bewerteten Feld ohne Schuld zu bewegen. Eine Voraussetzung zum Gelingen von Fortsetzungsfamilien ist die Offenheit und Ehrlichkeit des elterlichen und geschwisterlichen Sprechens über das Familiengeschehen. In Fortsetzungsfamilien als neuen gesellschaftlichen Lebensformen kann ein offener, vorurteilsloser Blick eingeübt werden, ein Nicht-Wissen, was gut oder ungut, wahr oder falsch ist.

Geschwister und Halb- und Stiefgeschwister und Gleichaltrige können sich gegenseitig stützen und fördern, wenn ihnen die Eltern den notwendigen Raum dafür zur Verfügung stellen. Deshalb ist es wichtig für die Eltern, die Kinder aus einer Opfer- oder Beweis-Rolle zu entlassen und ihnen zuzutrauen, daß sie auf ihrer generationellen Ebene – unter Geschwistern und Gleichaltrigen – beziehungsfähig und identitätsfördernd sind. Die Beziehungsfähigkeiten von Kindern und Jugendlichen werden in der Regel unterschätzt. Das Unterscheiden-Können von »gleich oder ähnlich« und »anders« unter Geschwistern hilft ihnen, den eigenen Ort zu klären. In diesem Sinn vermögen Fortsetzungsfamilien den Sinn für das horizontale Erleben zu schärfen.

## Das Geschwisterliche als Beziehungsmuster

Mit den »Nachfahren« der Geschwister haben wir es lebenslang im Freundes- und Kollegenkreis, in Liebesbeziehungen und im beruflichen und gesellschaftlichen Feld zu tun. In der Bündelung aller nur denkbaren und möglichen Gefühle rund um Liebe und Haß leben wir in ihnen die Fortsetzungen und Variationen der Geschwisterbeziehungen. Da man sich Freunde im Gegensatz zu den Geschwistern aussucht und auch nicht notgedrungen ein Leben lang beibehalten muß, sind Freunde nur bedingt mit Geschwistern zu vergleichen. Weder der gemeinsame Stall noch die Kontinuität und Verbindlichkeit sind in ihrer Unausweichlichkeit ersetzbar.

Die erlebten Geschwistererfahrungen spielen hinein in die Auswahl von Freunden, Partnern, Arbeitskollegen und Kampfgefährten. Das wird oft erst dann bewußt, wenn Konflikte auftauchen, die in ihrer Wucht und Hartnäckigkeit an frühere Erlebnisse erinnern. Auch wenn Freunde und Liebespartner selber ausgesucht werden, sind wir kaum frei in unserer Wahl. Selbst ein wenig hilfreich erlebter Bruder kann im späteren Leben wieder gesucht und gewählt werden, als müßten diese Konflikte wieder und wieder erlebt werden. Im Prozeß der Selbstwerdung arbeiten wir uns an bestimmten Konfliktmustern ab, um uns weiterentwickeln zu können. Dabei gibt es offenbar unausweichliche Wiederholungsschlaufen, bis uns unsere seelischen und sozialen Möglichkeiten erlauben, einem Konflikt eine neue Wende zu geben. Dann kann es auch möglich werden, daß wir uns anders gearteten Menschen annähern, mit denen neue Beziehungsmöglichkeiten durchgespielt werden können.

Das Geschwisterliche rührt uns mannigfaltig an. Es taucht auf in der Verwiesenheit auf die anderen, die derselben Generation angehören. Jede Generation hat in unserer immer schnellebigeren Gesellschaft andere Voraussetzungen, um die notwendigen Aufgaben zu erfüllen und die anstehenden Lebensübergänge zu gestalten. Das Generationswissen ist ein einzigartiger und kostbarer Schatz. Um ihn nutzen und über ihn verfügen zu können, braucht es den solidarischen Zusammenschluß. Dann kann er als konzentrierte Kraft erfahren werden.

Wir können uns in derselben Generation Geschwister, Eltern und Kinder sein. Die früheren und heutigen Fallen und Möglichkeiten sind immer da. Die Fallen erkennen wir im Hängenbleiben in früheren Mustern, die uns früher oder später in Schwierigkeiten bringen. Durch ihre Bewältigung wachsen die Möglichkeiten einer gereifteren und souveräneren Spielart. Das Erwachsensein verweist auf noch unbekannte und zu entdeckende Verwiesenheiten unter Geschwistern und Zeitgenossen. In unserem Selbstsein sind wir angewiesen auf Liebe und Anerkennung, Wertschätzung und Solidarität. Sie schenken uns die Energien, um weiterleben, weiterwagen und gestalten zu können, Stunde um Stunde, Tag um Tag. Sie bereichern und beleben uns, um unser eigenes Selbst, unser eigenes Leben zu erfüllen. Der eigene Selbstwert und die Anerkennung der anderen bedingen einander. Erst wenn die eigene Wertschätzung mit der Wertschätzung der anderen als verknüpft erlebt wird, leben wir unsere eigene Fülle.

### Wertschätzung und Solidarität in professionellen Beziehungsfeldern

Wenn wir die heutigen Ansätze in der Psychotherapie und Psychoanalyse, in der Pädagogik und im Management sichten – um einige Beispiele zu nennen –, stoßen wir mehr als früher auf Begriffe wie Anerkennung, Würde, Respekt und Ermächtigung. Sie werden als notwendige Konstituenten einer guten Zusammenarbeit erachtet. Natürlich koexistieren in den hier beispielhaft ausgewählten Fachbereichen unterschiedliche Ausrichtungen, die wieder andere Gewichte setzen. Doch das Gemeinsame liegt in den meisten, wenn auch nicht allen Ausrichtungen in der Betonung eines solidarischen *Miteinanders*, das nicht die Vertikale oben-unten betont, sondern einer Horizontalen zustrebt. Die hier folgenden Beispiele möchten diese Tendenz veranschaulichen. Sie bilden nicht die ganze Realität ab, sondern sind als Vorläufer zu werten in einer Kultur der Beziehungsgestaltung, die Anerkennung, Respekt und Ermächtigung beherzigt.

In der Psychoanalyse und Psychotherapie gewinnt neben der lange vorherrschenden Rekonstruktion und Analyse der Vergangenheit *das Hier und Jetzt der therapeutischen Beziehung* wesentlich an Bedeutung. Bereits in einem therapeutischen Erstgespräch und daraufhin in jeder einzelnen Therapiesitzung wird das vergangene und das gegenwärtige Beziehungsleben eines Klienten in den verschiedensten Ausprägungen sicht- und wahrnehmbar. Damit läßt sich im Gespräch und im Wunsch nach Verstehen und Verändern arbeiten. Zu jedem Klienten, jeder Klientin ergibt sich in einer Therapie ein spezifischer, unverwechselbarer Kontakt, eine besondere therapeutische Arbeitsbeziehung, und damit ist reichhaltiges Material vorhanden, womit weitergearbeitet werden kann. Wenn wir TherapeutInnen anerkennen, daß jede/r KlientIn unbewußt weiß, was er bzw. sie braucht, können wir im Fluß des Gesprächs dem Auftrieb des Unbewußten vertrauen. Auf der Vertrauensbasis des therapeutischen Arbeitsbündnisses entstehen Bezogenheit und Verbundenheit und letztlich Verstehen. Anhand der fachlichen und menschlichen Kompetenz und des Vertrauens und der Verantwortung, die die TherapeutInnen den KlientInnen zukommen lassen, wird es im Laufe der Therapie über Monate oder Jahre hin möglich, daß der Klient, die Klientin den Prozeß des Verstehens und sich selber Zutrauen selber übernimmt und weiterführt. In diesem Prozeß, in dem es immer auch um Anerkennung und Würdigung geht, nehmen und geben beide Seiten. Es ist nicht immer klar, wer mehr von wem lernt und erkennt.

Auch in der Medizin werden Patienten mehr und mehr zu erwünschten oder aber beklagten Klienten, die eigene Ansprüche auf Information und Mitbestimmung äußern. Heute kann sich jede/r auf dem Internet in verständlicher Sprache informieren, und diese Entwicklung wird das Arzt-Patienten-Verhältnis weiter verändern. Die lange Zeit von den Fachleuten in Anspruch genommene Vormachtstellung ist heute in Frage gestellt. Der therapeutische Prozeß kann zur bereichernden Erfahrung für beide Seiten werden, wenn sich zwei mündige, sich gegenseitig respektierende Menschen in Anerkennung und Würde üben. Wir alle ersuchen immer wieder um Therapie in irgendeiner Form und wünschen uns das Beste und Würdigste. Das müßte unsere Richtschnur beim eigenen therapeutischen Arbeiten werden.

In Theorie und Praxis der modernen Pädagogik werden sowohl Lehrer als auch Schüler heute für mündiger erklärt als früher. Der Frontalunterricht als Inbegriff der frontalen Inszenierung der Wissenden gegenüber den Noch-nicht-Wissenden bildet nur noch eine von möglichen Lehr- und Lernformen. Die Anordnung im Kreis und in Kleingruppen ist ein Ausdruck einer Horizontalisierung. Er nutzt die Begegnungs- und Lernmöglichkeiten der Beziehungsfelder unter den Lernenden. Team-Teaching der Lehrkräfte und Gruppen- und Teamarbeiten der Lernenden sind Lehr- und Lernformen, die die Kollegialität und im besten Fall die Gleichwertigkeit stärken. Erwähnt sei nochmals die bei heiklen Themen zunehmende Praxis, Mitschüler zu Vermittlern zu schulen und dann als Informanten und Kommunikatoren einzusetzen. Es betrifft vor allem die Lebensbereiche Sexualität, Drogen und Süchte, die die Kinder und Jugendlichen, wenn sie nicht von Erwachsenen – unter Umständen gewalttätig – damit konfrontiert werden, mit ihren

Altersgenossen entdecken und teilen. Entsprechend wirken die Gleichaltrigen, wie erwähnt, als Informanten glaubwürdiger.

In gruppenanalytischen Selbsterfahrungsgruppen ist eine ähnliche Entwicklung zu mehr Mündigkeit für den Teilnehmer zu beobachten. Die Gruppenleiter sind gleichzeitig als Raum und Zeit, Schutz und Halt bietende Verantwortliche in der Vertikalen und als Gruppenmitglieder auf der Horizontalen anwesend, sind sozusagen schwesterliche Mutter und mütterliche Schwester, brüderlicher Vater und väterlicher Bruder. Im laufenden Gruppengeschehen interveniert die leitende Person erst dann, wenn keines der Gruppengeschwister das aus dem Gruppengeschehen sich aufdrängende Notwendige sagt. Hinter dieser Haltung stehen die Einsichten, daß es »auch ohne Eltern« geht und daß den »Geschwistern« als erwachsenen mündigen Menschen sehr viel an Raum zugemutet und an Kompetenz zugetraut wird. Eine solche Gruppe transzendiert die frühere Familie und ermächtigt die TeilnehmerInnen zu eigenverantwortlichem Tun.

In Wirtschaft und Management treffen wir in Schulung und Weiterbildung zunehmend auf die Begriffe des Respekts, der Anerkennung und der Eigenverantwortung. »Wie behandle ich den Chef?« ist zur ebenso ernsthaften Frage geworden wie das Führen von Mitarbeitern. Ganzheitliche Persönlichkeitsbildung und Fachkompetenz werden als gleichwertige Fähigkeiten bezeichnet. Teamgeist und Selbstverantwortung von Einzelnen und von Teams werden großgeschrieben in Leitung, Führung und Mitarbeit. Coaching und Supervision von Verantwortlichen und zunehmend auch von Mitarbeitern sind selbstverständlicher geworden. Wir finden in diesen Ansätzen bestenfalls die Würdigung des ganzheitlichen Menschen in seinen Bedürfnisses nach Anerkennung und Gemeinschaft. Doch die Ideale sind das eine – und die Realität an den Arbeitsplätzen das andere. Beispielsweise ist Mobbing am Arbeitsplatz aktuell wie nie zuvor. Die berechtigten Ansprüche von Mitarbeitern nach Anerkennung und Respekt sind gewachsen, doch können sie kaum eingelöst werden. Die Umsetzung ist anspruchsvoller geworden durch den ständig zunehmenden Arbeits- und auch Lebensstreß und die damit einhergehenden Überforderungen auf allen Etagen. Die Diskrepanz zwischen den großen Maximen von Verantwortung und Zusammenarbeit und der häufig ganz anderen Praxis am Arbeitsplatz schafft Mißtrauen und Konflikte. Um so wichtiger werden Weiterbildung und Teamberatung für Führende und für Mitarbeiter. Es wäre elementar, dem Menschen in den enormen wirtschaftlichen Zwängen mehr an Anerkennung und an Würde, an Mitsprache und an Verantwortung einzuräumen. Dabei werden sowohl Konflikt- als auch Konsensfähigkeit zu Vorbedingungen von guter Zusammenarbeit. Lösungen sind als wichtiger zu erachten als die Probleme. Es braucht das Vertrauen in die Fähigkeit, aus eigener Erfahrung zu lernen.

## Vereinzeltes Leben – und wie werden Freud und Leid geteilt?

Einzelkinder sowie Alleinerziehende und Alleinlebende sind sicht- und wahrnehmbare Anzeichen für eine Vereinzelung in unserer Gesellschaft. Streß und Mobilität verschärfen diese gesellschaftliche Tendenz. Die früheren, oft auch einengenden und kontrollierenden Selbstverständlichkeiten von Geschwisterscharen und -banden und horizontalen Beziehungsfeldern in Nachbarschaften, Kirchengemeinden und Stammlokalen haben sich, wenn es sie noch gibt, am ehesten in ländlichen Gebieten erhalten. Es sind größtenteils verlorengegangene Welten, die so ideal auch nicht waren oder sind. Doch sie haben Kontinuität, Sicherheit und Verbindlichkeit ermöglicht. Weitere gemeinschaftliche Formen und Solidarisierungen sind Freundeskreise, Freizeitgruppen, Sportvereinigungen, Kollegenkreise, Nachbarschaften. Auch sie hat es immer schon gegeben. Sie werden durch die sich ereignenden Familienveränderungen, und bedingt durch Mobilität, generelle Verunsicherung und Brüchigkeit des Lebens, wesentlich wichtiger. Meistens sind es Gruppen, die sich aus einem gemeinsamen Anliegen, einem Interesse heraus formieren. Auch gemeinsames Leid kann zum Anstoß für Gruppenbildung und Solidarisierung werden.

»Selbsthilfegruppen« als Zusammenschluß Betroffener bei allen nur denkbaren Leiden und Abhängigkeiten sollen hier als bedeutsames Beispiel herausgehoben werden. Es sind selbstverwaltete und selbstgeleitete Gruppierungen von Menschen, die eine meist chronische psychische, psychosoziale oder psychosomatische Krankheit gemeinsam haben. Sie suchen neben dem fachlichen Beistand eine gemeinschaftliche Unterstützung beim Umgang mit ihrem Leiden. In solchen Gruppen leben sie eine Art von Geschwisterlichkeit in der Ebenbürtigkeit des Leidens und der aktiv angestrebten Linderung. Selbsthilfegruppen leisten nach heutigen Erfahrungen mehr und anderes, als Fachpersonen und Institutionen zu leisten vermögen. Ihr Erfolg liegt im Erleben der Horizontale, in der Gleichwertigkeit und Anerkennung der Abhängigkeit, und im Vertrauen auf die eigene und die gemeinsame Kraft. Zeitweise mag es auch ein Bündnis der »Geschwister« gegenüber der Welt der Gesunden sein, von der sich solche Menschen oft ausgeschlossen fühlen. Ähnliches gilt für Gruppen von Alleinerziehenden und von Alleinlebenden. Sie bedürfen weniger des fachlichen Rates von oben als des kollegialen, geschwisterlichen Austausches. Er kann gleichermaßen vorbeugend, moralisch stärkend und im Handeln hilfreich wirken. Das gemeinschaftliche und solidarische Moment spielt dabei eine wichtige Rolle. »Allein machen sie dich ein«: im gemeinsamen Austausch drückender Probleme liegt eine Möglichkeit, Gefühlen von Ohnmacht und Ungenügen besser zu begegnen. Das betrifft auch die an Anzahl und Bedeutung zunehmenden Gruppierungen von alten Menschen. Ihnen ist wie anderen solchen Gruppen durchaus eine emanzipatorische Kraft eigen.

Ein ausgestaltetes horizontales Beziehungsfeld und die Fähigkeit, sich darin gebend und nehmend nach allen Richtungen hin zu bewegen, bietet wertvolle Ressourcen gegen Streß, inneres Ausbrennen und Krankheit. Es dient der Gesundheit in einem ganzheitlichen und umfassenden Sinn. Bastian hat darauf hingewiesen, daß eine »resignierte, zynische, oft sogar demoralisierte Haltung, die mit den Stichworten ›nach außen angepaßt, innerlich feindselig‹ umschrieben werden kann, erhebliche gesundheitliche Risiken birgt«.[71] Ein horizontales Beziehungsfeld wirkt ermunternd zur Nutzung der eigenen Ressourcen und absichernd im Aushalten und Bewältigen von Angst und Resignation. Es geht in allen »Lebenskünsten« (Bastian) um das Stiften von Verbindungen und das Zueinander-in-Bezug-Setzen von Getrenntem. Damit das Leben nicht auseinanderbricht, müssen die einzelnen Teile und Funktionen, müssen die Menschen stärker miteinander verflochten und verwoben werden.

### Plädoyer für »gemeinsamen Grund«

Der Platz der erprobten und gelebten Geschwisterlichkeit ist ein *common ground,* ein gemeinsamer Grund und Boden. Es ist nicht mehr der Sandhaufen und das Kinderzimmer, sondern die alltägliche Wirklichkeit des Gelebten. Auf diesem gemeinsamen Boden werden konkrete Erfahrungen gemacht, miteinander geteilt und ausgetauscht. Auf dem gemeinsamen Grund kann Vertrauen aufgebaut werden, um mit den unvermeidbaren Konflikten umgehen zu lernen. Die Ängste, die mitschwingen, dürfen zugelassen und geteilt werden. Es sind vor allem die gemeinsamen Werte und Ziele, die verbindend wirken. Sie erlauben, auch im Trennenden das Gemeinsame zu sehen. Der *common ground* ist der Bereich, wo Ähnliche und Verschiedene sich gleichen. Die Betonung des gemeinsamen Grundes hilft, Konfliktlösungen im Sinne des »win-win« zu finden, d. h. im »win-win« erkennen beide Seiten eine Einigung und den Kompromiß als Gewinn. Und sie geben die Aushandlungen und Verhandlungen nicht auf, bis diese gute Lösung greifbar wird. Dazu müssen die Unterschiede verstanden und gewürdigt werden. Aufgrund dessen werden Zusammengehörigkeit und Gemeinsamkeit im Handeln möglich – ein zutiefst geschwisterliches Anliegen.[72]

Was im Kleinmaßtäblichen, in Familien und unter Geschwistern und Gleichaltrigen gelernt wird, schafft den Boden für gemeinsames Engagement in Schulen, Arbeitswelt und Gesellschaft. Die Familie bedarf der Anerkennung im Erbringen wesentlicher Leistungen. Im gleichen Zug, gleichzeitig und zusätzlich, muß sie verlassen und überwunden werden, um weitere Schauplätze des *common ground* zu schaffen: fachliche, regionale, soziale und ökologische Gruppierungen, politische Parteien, übernationale Zusammenschlüsse und weltweite Bewegungen und Vernetzungen. Die Frage, wie wir unsere Welt zu einem gemeinsamen Grund und Heim für alle machen können, ist die Frage nach dem Überleben der Menschheit.

Die im ausgehenden achtzehnten Jahrhundert und auch heute noch revolutionären Forderungen nach Freiheit, Gleichheit und Brüderlichkeit haben sich bis jetzt kaum

weiträumig realisiert. Sie wurden immer wieder miß-
braucht, korrumpiert und instrumentalisiert. In der Vergangenheit waren sie Antrieb zur Verbesserung der Lage. Im
Zeitalter der Globalisierung wirken sie blasphemisch wie
der Satz »Arbeit macht frei« über dem Tor von Auschwitz.

Zur Brüderlichkeit hat sich eine Schwesterlichkeit neuer
Ausprägung gesellt. Der Ruf nach Schwesterlichkeit in der
feministischen Bewegung hat zur Einsicht geführt, sich in
seinen Anliegen als Frau auf sich selber und die anderen
Frauen, die Schwestern, weitgehend zu verlassen. Schwesterlichkeit bedeutet denn auch für heutige Frauen, Freiheit
und Gleichheit und Gerechtigkeit in den Beziehungen zu
Männern selber verantwortlich einzufordern und herzustellen. Die Kämpfe und Auswirkungen der weltweiten Frauen-
bewegung haben die Beziehungen unter den Frauen und
zwischen Frauen und Männern im Paar, in Familien und an
Arbeitsplätzen wesentlich verändert und tun es weiter. Das
Verlangen nach Freiheit, Ebenbürtigkeit und Gleichwertigkeit der Geschlechter und Menschen basiert heute auf soli-
derem *common ground* als noch vor ein bis zwei Jahrzehnten. Die Realisierung dieses Verlangens braucht langen
Atem, Zeit und Energie und nicht zuletzt auch Geld.

Was tut diesen Prinzipien not und gut, damit sie in der
Umsetzung nicht korrumpiert werden? Möglichst konkrete
gemeinschaftliche Projekte sind notwendig und sinnvoll.
Über das gemeinsame Handeln – im Wort ist die »Hand«
enthalten – im Herstellen von Ebenbürtigkeit und Gleichwertigkeit, Zusammengehörigkeit und Solidarität gelangen
wir eher zu »gemeinsamem Grund« als durch Wortgefechte
und Papiere. Das Plädoyer für den *common ground* ist be-
freite Geschwisterlichkeit auf gemeinsamem Grund und
damit letztlich eine Mit-Menschlichkeit, in der jede der
andern, jeder dem andern Anerkennung zollen kann, indem
er ihn, sie ihn wahrnimmt.

Mehr noch. Erinnern wir uns an die Ausführungen über Liebe, Haß und Solidarität gegen Ende des achten Kapitels. Das Leben und Ringen, Verlieren und Wiederfinden in Liebe und Haß unter den Geschwistern bedeutet ein Akzeptieren der Zusammengehörigkeit in der eigenen Generation und Welt, ein Einverständnis mit den anspruchsvollen Formen von Gegen- und Wechselseitigkeit und eine Absage an die Hierarchie. Liebe, Haß und eben erwähntes Akzeptieren, Einverständnis und Absage begründen mögliche Solidarität. Im Geschwisterlichen und in dessen Weiterführung und Ausgestaltung unter sozialen Schwestern und Brüdern erkennen wir die Umrisse denkbaren und wünschbaren solidarischen Handelns von Menschen überhaupt.

## Epilog

»*Warum weinst du, Schwester? In dieser Welt sind bereits viele Menschen im Kampf für den Frieden, für die Menschenrechte, für Freiheit und Gerechtigkeit getötet worden. Aber niemand kann sie wirklich vernichten. Sie existieren noch immer. Glaubst du wirklich, Schwester, diese Menschen sind ›tote Leute‹? Nein, sie sind immer noch hier. Wir sind sie. Wir tragen sie in uns, in jeder Zelle unseres Körpers. Lächle bitte. Lächle voller Gelassenheit und zeige uns, daß du tiefes Verstehen und großen Mut erlangt hast. Dein Bruder.*« (Thich)

# Anmerkungen

[1] Mentzos, 1989, S. 293. Konflikte gehören für Mentzos zu jeder normalen Entwicklung. Die Betonung des Abhängigkeits-Autonomie-Konflikts (vor dem ödipalen, der seine Bedeutung zur Prüfung von Stabilität, Flexibilität und Tragfähigkeit behält) gibt den Geschwistern neben den Eltern mehr Raum. Beim ödipalen Konflikt spielen nämlich die Geschwister keine Rolle.

[2] Neubauer, 1982, *Rivalry, Envy, Jealousy*, S. 121 ff.; zitiert in: Klagsbrun, 1993, S. 23.

[3] Vgl. auch Petri, 1994, S. 33 ff. Petri geht von einer »primären Geschwisterliebe« aus und führt sie in seinem Buch an vielen Beispielen aus. Ich bin diesem Autor dankbar dafür, daß er mich in der Klärung meiner eigenen Erfahrungen primärer positiver Bezogenheit unter Geschwistern unterstützte. Vgl. auch Bank und Kahn, 1991.

[4] Freud, 1982, *Studienausgabe*, Bd. II, sowie Bd. VII, S. 227, 238.

[5] Dolto, 1988. Petri, 1994. Ley 1995. Sohni et al in: Ley, 1995.

[6] Kraus und Kraus, 1992.

[7] Keyserlingk, 1988; Steffen, 1986. Sohni in: Sohni, 1999, *Geschwistermärchen als Modell*.

[8] Rollin, 1990.

[9] Sohni, 1994.

[10] Freud und Daheim, 1951.

[11] Bank und Kahn, 1991, S. 145–180.

[12] Sohni, 1994, S. 293 f.

[13] Mead, 1974. Zu den Begriffen: »post« bedeutet »nach«; »ko« bedeutet »mit« und »prä« »vor«.

[14] Mead, 1974, S. 129.

[15] Naudascher, 1977, S. 13; 96 ff.

[16] Bastian und Bastian, 1996.

[17] Harris 1998; Petri 1994; Kasten 1993; Bank und Kahn 1991.

[18] Petri 1994, S. 200 f.

[19] Franzen und Penth, 1988, S. 8.

[20] Achebe, 1994, S. 145.

[21] Achebe, 1994, S. 140.

[22] Reddemann, 2001.

[23] Kwenda, 1999, S. 45–48. Es handelt sich bei diesem Beispiel von Vater-Sohn um einen autobiographischen Bericht dieses südafrikanischen Autors.

[24] Brink, 2000. Im englischen Original: *wifely, motherly, sisterly and loverly.*

[25] Vgl. hierzu Freud, 1922/1982, Bd. VII, S. 219 ff., S. 227, S. 238; und Kast 1998, S. 166 f.

[26] Dieses und die folgenden Zitate stammen aus Von Matt, 1995, S. 343 f., 355.

[27] Diese Interpretation von Franz Werfels *Nicht der Mörder, der Ermordete ist schuldig* lehnt sich an an Von Matt, 1995, S. 354 ff.

[28] Mitscherlich, 1963. Insbes. S. 319, S. 343.

[29] Diesen Gedanken verdanke ich Maja Wicki aus einem persönlichen Gespräch.

[30] Vgl. dazu Ley, 1995, insbes. S. 91–120.

[31] Kast, 1984, S. 145.

[32] Ley et al., 1985.

[33] Eiguer und Ruffieux, 1991, S. 161 ff.

[34] Schäfer, 1997, S. 139 ff.

[35] Das erste Zitat stammt von Rainer Maria Rilke aus den *Gesammelten Gedichten*, das zweite von Vaclav Havel, in: Reddemann, 2001, S. 159.

[36] Vogt, 1994, S. 65.

[37] Van Goghs *Briefe an seinen Bruder* werden zitiert in Pontalis, 1991, S. 295.

[38] Freud wird in Pontalis, 1991, S. 295, zitiert.

[39] Asper, 1987.

[40] Asper, 1987, S. 168.

[41] Casement, 1993.

[42] Balint, 1987.

[43] Frick, 1996.

[44] Wellendorf, 1988, S. 65.

[45] Rakusa, 1988, S. 9.

[46] Berners-Lee, 2000.

[47] Percy, 1998, S. 11.

[48] Mankell, 1998.

[49] Benjamin, posthum 1972.

[50] Ley, 2000.

[51] Die Geschichte stammt von Baldwin, 1957/1970. Das Zitat befindet sich auf S. 40 (Übersetzung K. L.).

[52] Wesentliche Einsichten dieses Abschnittes verdanke ich Wellendorf, 1995.

[53] Wellendorf, 1995, S. 306.

[54] Wellendorf, 1995, S. 308.

[55] Wellendorf, 1995, S. 309.

[56] Loewald, 1980, S. 390. Loewald hat die »überbrückende Aussöhnung« und »Gleichheit« auf schöne Art und Weise beschrieben. Doch die Ge-

schwister werden bei ihm wie auch bei den meisten anderen Autoren keines Wortes gewürdigt. Sie existieren nicht.

57 Mandela, 1994.

58 Mandela, 1994, S. 835

59 Ndebele, 2000, S. 147. »Both sides faced the truth of their mutual dependency«.

60 Tutu, 1999, S. 34 f.

61 Hillman in: Hillman und Ventura, 1993.

62 Mandela, 1994, S. 833. Das Zitat vom Denken mit dem Hirn stammt aus einem Interview im südafrikanischen Fernsehen.

63 Ndebele, 2000, S. 143 (deutsche Übersetzung von K. L.).

64 Thich Nhat Hanh, 1998, wird hier beispielhaft für viele andere Brüder und Schwestern erwähnt.

65 Becker, 1992, vgl. S. 191 ff.

66 Reddemann, 2001, S. 77. Reddemann betont das »Unschädlichmachen« (nicht die raschmöglichste Zerstörung) des Täterintrojektes. Hinter dem Bedrohlichen des Täterintrojektes liegt etwas Wertvolles verborgen, das es zu bewahren gilt.

67 Tutu, 1999, S. 35. »Forgiveness gives people resilience, enabling them to survive and emerge still human despite all efforts to dehumanize them« (Übers. K. L.).

68 Freud (1909, GW VII) in: Becker, 1992, S. 251.

69 Wiederkehr, 1998, S.180, S. 209ff. Ich danke Katrin Wiederkehr für wesentliche Inspirationen.

70 Ley und Borer, 1992.

71 Bastian, 2000, S. 24.

72 Die südafrikanische Befreiungsbewegung der Schwarzen und der ANC als politische Partei, die die heutige Regierung stellt, brachten die Strategie des »common ground« auf die Kurzformel »understand the differencies – act on the commonalities« und waren damit, wie die jüngste Geschichte zeigt, sehr erfolgreich. – »Search for Common Ground« ist der Name einer amerikanischen NGO, welche zum Ziel hat, weltweit »win-win«-Strategien zu unterstützen.

# Literatur

Achebe, Chinua (1991): *Termitenhügel in der Savanne.* Suhrkamp, Frankfurt.

Asper, Kathrin (1987): *Verlassenheit und Selbstentfremdung. Neue Zugänge zum therapeutischen Verständnis.* Deutscher Taschenbuch Verlag, München.

Baldwin, James (1957): *Sonny's Blues.* Klett, Stuttgart.

Balint, Michael (1987): *Regression. Therapeutische Aspekte und die Theorie der Grundstörung.* Deutscher Taschenbuch Verlag, München.

Bank, Stephen; Kahn, Michael (1991): *Geschwister-Bindung.* Junfermann, Paderborn.

Bastian, Till; Bastian, Maike (1996): *Die Angst der Eltern vor dem Kind.* Beck, München.

Bastian, Till (2000): *Die Wiederentdeckung der Geschwisterlichkeit.* In: *Psychologie heute,* S. 20-26.

Becker, David (1992): *Ohne Haß keine Versöhnung. Das Trauma der Verfolgten.* Kore, Freiburg i. B.

Benjamin, Walter (1972): *Das Passagen-Werk.* In: Gesammelte Schriften. Suhrkamp, Frankfurt.

Berners-Lee, Tim (2000): *Der Web-Report. Waving the Web.* Econ, München.

Brink, André (2000): *The Rights of Desire.* Secker & Warburg, London.

Casement, Patrick (1993): *Further learning from the patient. The analytic space and process.* Tavistock/Routledge, London.

Dolto, Françoise (1988): *Über das Begehren.* Klett-Cotta, Stuttgart.

Duden, Anne (1995): *Wimpertier.* Kiepenheuer & Witsch, Köln.

Eiguer, Alberto; Ruffiot, André (1991): *Das Paar und die Liebe. Psychoanalytische Paartherapie.* Klett-Cotta, Stuttgart.

Emde, Robert N. (1991): *Die endliche und die unendliche Entwicklung.* In: *PSYCHE,* 9, 45. Jg., S. 745–779.

Farré, Marie (1998): *Mina mit der Unschuldsmiene.* In: Kantelhardt A. (Hg.), S. 36–47.

Franzen, Günter; Penth, Boris (Hg.) (1988): *Hüten und Hassen. Geschwister-Geschichten.* Deutscher Taschenbuch Verlag, München.

Freud, Anna; Daheim, Sophie (1951): *An Experiment in Group Upbringing.* In: Eisler R. S. (ed),The psychoanalytic Study of the Child, vol. VI. New York: International Universities Press.

Freud, Sigmund (1982): *Studienausgabe, Bände I – XI.* Fischer, Frankfurt.

Frick, Eckhard (1996): *Durch Verwundung heilen. Zur Psychoanalyse des Heilungsarchetyps.* Vandenhoeck & Ruprecht, Göttingen.

Haen de, Imme (1990): *Die Jüngste ist die Allerschönste.* Fischer, Frankfurt.

Harder, Gabriela M. (1992): *Sterben und Tod eines Geschwisters.* Pro Juventute, Zürich.

Harris, Rich Judith (1998): *Ist Erziehung sinnlos?* Rowohlt, Reinbek.

Hillman, James; Ventura, Michael (1993): *Hundert Jahre Psychotherapie – und der Welt geht's immer schlechter.* Walter, Düsseldorf.

Kaléko, Maschka (1977): *In meinen Träumen läutet es Sturm.* Gedichte. Deutscher Taschenbuch Verlag, München.

Kantelhardt, Arnhild (Hg.) (1998): *Komm, hau ab. Geschwister-Geschichten.* Gerstenburg, Hildesheim.

Kast, Verena (1984): *Paare. Beziehungsphantasien oder Wie Götter sich in Menschen spiegeln.* Kreuz, Stuttgart.

Kast, Verena (1996): *Neid und Eifersucht. Die Herausforderung durch unangenehme Gefühle.* Walter, Düsseldorf.

Kasten, Hartmut (1993): *Die Geschwisterbeziehung,* Band I und II. Hogrefe, Göttingen.

Keyserlingk von, Linde (1988): *Brüderchen und Schwesterchen. Eine ganz besondere Liebe.* Kreuz Verlag, Zürich.

Klagsbrun, Francine (1994): *Der Geschwisterkomplex.* Eichborn, Frankfurt.

Kraus, Helga; Kraus, Karin (1994): *Schwestern über Schwestern. Die Kunst der Balance.* Ulrike Helmer Verlag, Frankfurt.

Kwendo, Chirevo (1999): *My father, my sibling.* In: *Track Two,* dec. 99, S. 45–48. Center for Conflict Resolution, Capetown.

Ley, Katharina; Borkoskwy, Anna; Streckeisen, Ursula; Kaestli, Elisabeth (1985): *Zwei Welten – ein Leben.* Unionsverlag, Zürich.

Ley, Katharina; Borer, Christine (1992): *Und sie paaren sich wieder. Über Fortsetzungsfamilien.* edition diskord, Tübingen.

Ley, Katharina (Hg.) (1995): *Geschwisterliches. Jenseits der Rivalität.* edition diskord, Tübingen.

Ley, Katharina (1999): *Geschwisterliche Räume. Stimmen der Horizontale im Geschwisterlichen und in der Psychotherapie.* In: Sohni (1999), S. 67–81.

Ley, Katharina (2000): *Der Himmel weitet sich aus.* Haiku. Mit Originalholzschnitten von Anne-Marie Käppeli. Ed. Dendron (Eigenverlag).

Loewald, Hans W. (1986): *Psychoanalyse. Aufsätze aus den Jahren 1951–1979.* Klett-Cotta, Stuttgart.

Mandela, Nelson (1994): *Der lange Weg zur Freiheit.* Autobiographie. S. Fischer, Frankfurt.

Mankell, Herbert (1998): *Die weiße Löwin.* Deutscher Taschenbuch Verlag, München.

Mead, Margaret (1971): *Der Konflikt der Generationen. Jugend ohne Vorbild*. Walter, Olten/Freiburg i. B.

Mentzos, Stavros (1984): *Neurotische Konfliktverarbeitung*. Fischer, Frankfurt.

Mitscherlich, Alexander (1992/1963): *Auf dem Weg zur vaterlosen Gesellschaft*. Piper, München.

Nadauscher, Brigitte (1977): *Die Gleichaltrigen als Erzieher. Zur Peer-Group-Forschung*. Klinkhardt, Bad Heilbrunn.

Ndebele, Njabulo (2000): *Of Lions and Rabbits. Thoughts on Democracy and Reconciliation*. In: James W.; Van de Vijer L.: After the Truth and Reconciliation Commission. Ohio, Athens. David Philip Publishers, Cape Town. S. 143–156.

Percy, Walter (1998): *The Moviegoer*. Vintage, New York.

Petri, Horst (1994): *Geschwister. Liebe und Rivalität. Die längste Beziehung unseres Lebens*. Kreuz, Zürich.

Pontalis, Jean-Baptiste (1991): *Aus dem Blick verlieren. Im Horizont der Psychoanalyse*. Kirchheim, München.

Rakusa, Ilma (Hg.) (1988): *Marguerite Duras*. Suhrkamp, Frankfurt.

Reddemann, Luise (2001): *Imagination als heilsame Kraft*. Pfeiffer bei Klett-Cotta, Stuttgart.

Rohde-Dachser, Christa (1994): *Im Schatten des Kirschbaums. Psychoanalytische Dialoge*. Huber, Bern/Göttingen.

Rollin, Marion (1990): *Typisch Einzelkind – Das Ende eines Vorurteils*. Hoffmann & Campe, Hamburg.

Schäfer, Thomas (1997): *Was die Seele krank macht und was sie heilt*. Knaur, München.

Sohni, Hans (1994): *Geschwisterbeziehungen: Die Einführung der horizontalen Beziehungsdynamik in ein psychoanalytisches Konzept »Familie«*. In: *Prax. Kinderpsychol. Kinderpsychiat.*, 43, S. 284–295. Vandenhoeck & Ruprecht, Göttingen.

Sohni, Hans (1995): *Horizontale und Vertikale – Die Bedeutung der Geschwisterbeziehung für Individuation und Familie*. In: Ley, K. (Hg.) (1995), S. 19–44.

Sohni, Hans (Hg.) (1999): *Geschwisterlichkeit. Horizontale Beziehungen in Psychotherapie und Gesellschaft*. Vandenhoeck & Ruprecht, Göttingen.

Steffen, Uwe (1986): *Die zwei Brüder. Jeder hat noch ein anderes Ich*. Kreuz Verlag, Zürich.

Thich, Nhat Hanh (1998): *Die Sonne, mein Herz*. Theseus, Berlin.

Tutu, Desmond (1999): *No Future without Forgiveness*. Rider, Sydney & Johannesburg.

Vogt, Matthias (1994): *Sehn-Sucht. Der Zusammenhang zwischen Sehnsucht und Sucht*. SFA, Lausanne.

Von Matt, Peter (1995): *Verkommene Söhne, mißratene Töchter. Familiendesaster in der Literatur.* Hanser, München.

Wiederkehr, Katrin (1998): *Wer losläßt, hat die Hände frei.* Scherz, Bern/München/Wien.

Wellendorf, Franz (1988): *Kain oder Ödipus? Über den Zusammenhang zwischen Geschwisterrivalität, Neid und Kulturprozeß.* In: Franzen und Penth 1988, S. 50-67.

Wellendorf, Franz (1995): *Zur Psychoanalyse der Geschwisterbeziehung.* In: Forum der Psychoanalyse, 11, S. 295–310. Springer, Stuttgart.

Winnicott, Donald W. (1973): *Vom Spiel zur Kreativität.* Klett-Cotta, Stuttgart.

# Das Trauma der Geburt in den Mythen der ersten Hochkulturen

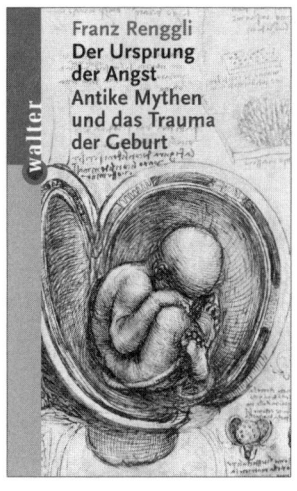

**Franz Renggli**
**Der Ursprung der Angst**
Antike Mythen und das
Trauma der Geburt
288 Seiten
Gebunden mit
Schutzumschlag
ISBN 3-530-42161-8

Wann beginnt das Seelenleben des Menschen?
Das Trauma der Geburt scheint aus Sicht der prä-
natalen Psychologie eine archaische Erfahrung aller
Menschen zu sein. Dieses frühe Trauma ist in ein-
drücklichen Bildern bereits in den ersten schriftlichen Aufzeichnungen der Menschheit festgehalten,
so Rengglis These.
Die alten Göttergeschichten werden zum Schlüssel,
um vorsprachliches Erleben faßbar zu machen und
die Ursprünge unserer Angst aus neuer Perspektive
zu verstehen.

 Walter